跟大师学语文

略读指导举隅

叶圣陶
朱自清 /著

中华书局

图书在版编目（CIP）数据

略读指导举隅/叶圣陶,朱自清著.—北京:中华书局,2013.4
（2025.2 重印）
（跟大师学语文）
ISBN 978-7-101-08972-1

Ⅰ.略… Ⅱ.①叶…②朱… Ⅲ.汉语-阅读辅导 Ⅳ.H194

中国版本图书馆 CIP 数据核字（2012）第 246772 号

书　　　名	略读指导举隅
著　　　者	叶圣陶　朱自清
丛 书 名	跟大师学语文
封面插图	丰子恺
责任编辑	周　璐
装帧设计	许丽娟
责任印制	陈丽娜
出版发行	中华书局
	（北京市丰台区太平桥西里 38 号　100073）
	http://www.zhbc.com.cn
	E-mail:zhbc@ zhbc.com.cn
印　　　刷	河北新华第一印刷有限责任公司
版　　　次	2013 年 4 月第 1 版
	2025 年 2 月第 5 次印刷
规　　　格	开本/710×1000 毫米　1/16
	印张 14¼　插页 2　字数 160 千字
印　　　数	18001-19500 册
国际书号	ISBN 978-7-101-08972-1
定　　　价	30.00 元

"跟大师学语文"丛书

出版说明

　　这套丛书收录了《文章作法》、《文话七十二讲》、《文章讲话》、《怎样写作》、《语文随笔》、《略读指导举隅》、《精读指导举隅》等关于语文学习的指导性名著。它们的作者就是著名的语文教育大师夏丏尊、叶圣陶和朱自清先生。这就是丛书名的由来。

　　夏丏尊先生(1886—1946)、叶圣陶先生(1894—1988)和朱自清先生(1898—1948)是我国著名的教育家和文学家,他们都把毕生精力投入祖国的新文化建设和教育事业之中。尤其是在20世纪的30年代,身为开明书店总编辑的夏丏尊先生创办了《中学生》杂志,叶圣陶先生任杂志主编。这本杂志以先进的文化思想、丰富的科学知识教育中学生,在中国语文教学方面,下力尤深,成果卓著,被几代中学生视作良师益友,在文化界、教育界和出版界有口皆碑。多年的教学实践和理性思考,使他们在中学语文教学的各个方面都有突出的建树,留下许多精彩的著作,这套丛书选录的就是其中的精粹。

　　《文章作法》由开明书店初版于1922年。其原型是夏丏尊先生在长沙第一师范和白马湖春晖中学的讲义稿,后经教育家刘薰宇先生(1894—1967)结合自己的教学实践修改编辑而最后成书。其特点是根据不同的文体,着重介绍语文知识和写作技巧,便于中学生提高实际写作能力。

《文话七十二讲》则源自于夏丏尊、叶圣陶两位先生编写的《国文百八课》。20 世纪 30 年代，两位先生因不满当时的语文教学和使用的课文"缺乏客观具体的科学性"，着手编撰了一套供初中学生使用的语文教材。因初中共六个学期，每学期上课十八周，一共一百零八周，所以这套按照一百零八周来顺序设计教学内容的课本，就定名为"国文百八课"。每一课包括"文话"（阅读写作指导）、"选文"、"文法修辞常识"和"习问"（练习和问题）四部分，形成一套完整科学的初中语文教学体系。可惜因抗日战争爆发，《国文百八课》只出版了四册，成七十二课，就不得不中断了。吕叔湘先生认为，这套课本的"最大特色"同时也是"编者用力最多的部分"，就是"文话"。所以，这本《文话七十二讲》就是从《国文百八课》中抽出的单行本。用七十二个主题，分别结合阅读，主讲文章的写作方法。

　　《文章讲话》一书收录了夏丏尊、叶圣陶两位先生有关文章写作的十篇文字。前七篇是 1935—1937 年在《中学生》杂志《文章偶话》栏目中连载的；后三篇是夏先生利用 1937 年暑假赶写的，但因上海"八·一三"抗战爆发，而未能刊登。直到 1938 年，开明书店才结集出版。

《怎样写作》是叶圣陶先生有关写作的文章专集,共收录了二十一篇长短文字。他集数十年写作经验,多角度多侧面地讲述了写作成功的诀窍和失败的根源,精义迭出。

　　《语文随笔》则是叶圣陶先生有关中学语文教学的随笔集,共收录了十四篇文章,能够比较完整地体现叶圣陶先生关于语文教学的看法和见解。

　　《略读指导举隅》是叶圣陶、朱自清两位先生合作编写的中学国文教学指导用书。1943年初版印行于四川。略读作为精读的补充,在教学中常被忽略。本书阐明了略读的含义,略读应注意的问题、方法等。通过实例来说明略读对培养学生阅读习惯和写作技巧的作用。

　　《精读指导举隅》一书侧重于精读指导。书中选用五篇文章作例子,叙述文、短篇小说、抒情文、说明文、议论文等皆有涉及。指导大概中分析文章、提示问题的态度和方法特别值得注意。具体实例中的说明和联想详实有效,可谓"纤屑不遗,发挥净尽",对当下的语文教学有现实指导作用。

　　这套书虽然绝大部分完成于20世纪前半叶,而且篇幅都不大,但毫无疑问都是中学语文教学的经典,就像朱自清先生对《文心》的评价一样,"不独是中学生的书,也是中学教师的书",而且常读常新,对于当前的语文教学更具有极大的启发性。经典是不会过时的。

最后需要说明的是,夏丏尊、叶圣陶两位先生写作的《文心》(开明书店1934年出版)也是应该收入此套丛书的,但因目前版权问题尚未解决,故此次出版只能暂且割爱了。

中华书局编辑部

2020年5月

目 录

例言

一　本书与《精读指导举隅》一样,专供各中学国文教师参考用。

二　本书专重略读指导,书中举了七部书作例子。计经籍一种,名著节本一种,诗歌选本一种,专集两种,小说两种。其中《孟子》、《史记菁华录》、《唐诗三百首》、《胡适文选》适于高中学生阅读,《蔡子民先生言行录》、《呐喊》、《爱的教育》适于初中学生阅读。

三　本书的"前言"是向各位中学教师说的。我们以为对于学生"略读"要做到"指导"二字,至少有这么些工作。否则便是让学生随便看书,不是"指导"他们阅读。

四　本书各篇"指导大概"是用教师的口气向学生说的。我们按照"前言"所提出的,对于每一部书,作了指导的实例。这七篇"大概"都是完整的成篇的文字,

只因写下来不得不如此;并不是说每指导一部书,就得向学生作一番这样长长的演讲,讲过了就完事。"指导"得在讨论里;每篇"大概"中的每一节,都该是讨论的结果,这结果该是学生自己研求之后,在讨论时间,又经教师的纠正或补充,才得到的。我们希望各位教师能将这样的态度和方法,应用在别的书籍的略读指导里。

　　五　本书各篇,我们虽都谨慎的用心的写出,但恐怕还有见不到的错误。盼望各位教师多多指教,非常感谢!

前　言

　　国文教学的目标，在养成阅读书籍的习惯，培植欣赏文字的能力，训练写作文字的技能。这些事儿不能凭空着手，都得有所凭借。凭借什么？就是课本或选文。有了课本或选文，然后养成、培植、训练的工作得以着手。课本所收的，选文之中入选的，都是单篇短什，没有长篇巨著。这并不是说学生读了一些单篇短什就足够了。只因单篇短什分量不多，要做细磨细琢的研读工夫，正宜从此入手；一篇读毕，又来一篇，涉及的方面既不嫌偏颇，阅读的兴趣也不致单调；所以取作"精读"的教材。学生从精读方面得到种种经验，应用这些经验，自己去读长篇巨著以及其他的单篇短什，不再需要教师的详细指导，这便是"略读"。就教学而言，精读是主体，略读只是补充；但就效果而言，精读是准备，略读才是应用。学生在校的时候，为了需要与兴

趣,须在课本或选文以外阅读旁的书籍文字;他日出校之后,为了需要与兴趣,一辈子须阅读各种书籍文字;这种阅读都是所谓应用。使学生在这方面打定根基,养成习惯,全在国文课的略读。如果只注意于精读,而忽略了略读,功夫便只做得一半儿。其可能想象的弊害:当学生遇到书籍文字的时候,也许会因没有教师在旁做精读那样的详细指导,而致无所措手。现在一般学校,忽略了略读的似乎不少,这是必须改正的。

略读不再需要教师的详细指导,并不等于说不需要教师的指导。各种学科的教学都一样,无非教师帮着学生学习的一串过程。略读是国文课程标准里面规定的正项工作,哪有不需要教师指导之理?不过略读指导与精读指导自有不同。精读指导必须纤屑不遗,发挥净尽;略读指导却提纲挈领,期其自得。何以须提纲挈领?惟恐学生对于当前的书籍文字,摸不到门径,辨不清路向,马马虎虎读下去,结果所得很少。何以不必纤屑不遗?因为这一套工夫在精读方面已经训练过了,依理论说,该能应用于任何时候的阅读;现在让学生在略读时候应用,正是练习的好机会。学生从精读而略读,譬如孩子学走路,起初由大人扶着肩、牵着手,渐渐的大人把手放了,只在旁边遮拦着,替他规定路向,防他偶或跌跤。大人在旁边遮拦着,正与扶着肩、牵着手走一样的需要当心;其目的惟在孩子步履纯熟,能够自由走路。精读时候,教师给学生纤屑不遗的指导,略读时候,更给学生提纲挈领的指导,其目的惟在学生习惯养成,能够自由阅读。

仅仅对学生说,你们随便去找一些书籍文字来读,读得愈多愈好;这当然算不得略读指导。就是斟酌周详,开列个适当的书目篇目,教学生按照着自己去阅读,也还算不得略读指导。因为开列目录只是阅读以前的事儿;在阅读一事的本身,教师没有给一点帮助,就等于没有指导。略读如果只任学生自己去着手,而不给他们一点指导,很易使学生在观念上发生误会,以为略读只是"粗略的"阅读,甚而至于是"忽略的"阅读;而在实际上,他们也会以"粗略的"甚而至于"忽略的"阅读,就此了事。这是非常要不得的,积久养成不良的习惯,便终身不能从阅读方面得到多大的实益。略读的"略"字,一半系就教师的指导而言:还是要指导,但只须提纲挈领,不必纤屑不遗,所以叫做"略"。一半系就学生的工夫而言:还是要像精读那样仔细咬嚼,但精读时候出于努力钻研,从困勉达到解悟,略读时候却已熟能生巧,不须多用心力,自会随机肆应,所以叫"略"。无论教师与学生,都须认清楚这个意思;在实践方面又须各如其分,做得到家;略读一事才会收到它预期的效果。

略读既须由教师指导,自宜如精读一样,全班学生用同一的教材。假如一班学生同时略读几种书籍,教师就不便在课内指导;指导了略读某种书籍的一部分学生,必致抛荒了略读别种书籍的另一部分学生;各部分轮流指导固也可以,但每周略读指导的时间,至多也只能有二小时,各部分轮流下来,必致每部分都非常简略。况且同学间的共同讨论,是很有帮助于阅读能力的长进的;也必须阅读同一的书籍,才便于彼此共同讨论。在一学期中间,为求精详周到起见,略读书籍的数量不宜太多,大约有二三种也就可以了。好在略读与精读一样,选定一些教材来读,无非"举一隅"的性质,都希望学生从此习得方法,养成习惯,再自己去"以三隅反";故而数量虽少,并不妨事。学生如果在略读教材之外,更就兴趣选读旁的书籍,那自然是值得奖励的;并且希望能够普遍的这么做。或许有人要说,略读同一的教材,似乎不能顾到全班学生的能力与兴趣。其实这不成问题。精读可以用同一的教材,为什么略读就不能?班级制度的一切办法,总之以中材为标准;凡是忠于职务,深知学生的教师,必能选取适合于中材的教材,供学生略读;这就没有能力够不够的问题。同时,所取教材必能不但适应学生的一般兴趣,并且切合教育的中心意义;这就没有兴趣合不合的问题。所以,略读同一的教材

是无弊的,只要教师能够忠于职务,能够深知学生。

课内略读指导,包括阅读以前,对于选定教材的阅读方法的提示,及阅读以后,对于阅读结果的报告与讨论。作报告与讨论的虽是学生,但审核他们的报告,主持他们的讨论,仍是教师的事儿;其间自不免有需要订正与补充的地方,所以还是指导。略读教材若是整部的书,每一堂略读课内令学生报告并讨论阅读那书某一部分的实际经验;待全书读毕,然后令作关于全书的总报告与总讨论。至于实际阅读,当然在课外。学生课外时间有限,能够用来自修的,每天至多不过四小时。在这四小时内,除了温理旁的功课,作旁的功课的练习与笔记外,分配到国文课的自修方面的,至多也不过一小时。一小时够少了,但精读方面也得自修、预习、复习、诵读、练习,都是非做不可的;故而每天的略读时间,至多只能有半小时。每天半小时,一周便是三小时(除去星期放假)。每学期上课时间以二十周计,略读时间仅有六十小时。在这六十小时内,如前面所说的,要阅读二三种书籍,篇幅太多的自不相宜;如果选定的书正是篇幅太多的,那只得删去若干,而选读它的一部分。不然,分量太多,时间不够,学生阅读势必粗略,甚而至于忽略;或者有始无终,没有读到完篇就此丢开了;这都足以养成不良习惯,为终身之累。所以漫无计算是要不得的;与其贪多务广,致发生流弊,不如预作精密估计,务使在短少时间之内,把指定的教材读完,而且把应做的工作都做得到家,绝不草率从事,借此养成阅读的优良习惯,来得有益得多。学生有个很长的暑假,又有个相当长的寒假;在这两个假期内,可以自由阅读很多的书。如果略读时候养成了优良习惯,到暑假寒假期间,各就自己的需要与兴趣,去多多阅读,那一定比不经略读的训练,多得吸收的实效。归结说起来,就是:略读的分量不宜过多,必须顾到学生所能应用的时间;多多阅读固宜奖励,但得为时间所许可,故以利用暑假寒假最为合适。

书籍的性质不一,因而略读指导的方法也不能一概而论。现在就一般说,在阅读以前,应该指导的有以下各项。

一　版本指导

　　一种书往往有许多版本。从前是木刻,现在是排印;在初刻初排的时候,或许就有了错误,随后几经重刻重排,又不免辗转发生错误,也有逐渐的增补或订正。读者读一本书,总希望得到最合于原稿的,或最为作者自己所惬意的本子;因为惟有读这样的本子,才可以完全窥见作者的思想感情,没有一点含糊。学生所见不广,在刚与一种书接触的时候,当然不会知道哪种本子较好;这须待教师给他们指导。现在求书不易,有书可读便是幸事,更谈不到取得较好的本子,但正惟如此,这种指导更不可少;哪种本子校勘最精审,哪种本子是作者的最后修订稿,都得给他们说明,使他们遇到那些本子的时候,可以取来覆按、对比。还有,有些书经各家的批评或注释,每一家的批评或注释自成一种本子,这中间也就有了优劣得失的分别。其需要指导,理由与前说相同。总之,这方面的指导,宜运用校勘家、目录家的知识,而以国文教学的观点来范围它。学生受了这样的熏陶,将来读书不但知道求好书,并且能够抉择好本子,那是受用无穷的。

二　序目指导

　　读书先看序文,是一种好习惯。学生拿到一部书,往往立刻看本文,或者挑中间有趣味的部分来看,对于序文,认为与本文没有关系似的;这是因为不知道序文很关重要的缘故。序文的性质,常常是全书的提要或批评,先

看一遍,至少对于全书有个概括的印象或衡量的标准;然后阅读全书,便不至于茫无头绪。通常读书,其提要或批评不在本书而在旁的地方的,尚且要找来先看;对于具有提要或批评的性质的本书序文,怎能忽略过去? 所以在略读的时候,必须教学生先看序文,养成他们的习惯。序文的重要程度,各书并不一致。属于作者的序文,若是说明本书的作意、取材、组织等项的,那无异于"编辑大意"、"编辑例言",借此可以知道本书的规模,自属非常重要。有些作者在本文之前作一篇较长的序文,其内容并不是本文的提要,却是阅读本文的准备知识,犹如津梁或门径,必须通过了这一关才可以涉及本文;那就是"导言"的性质,重要程度也高。属于编订者或作者师友所作的序文,若是说明编订的方法,抉出全书的要旨,评论全书的得失的,那都与了解全书直接有关,重要也不在上面所说的作者自序之下。无论作者自作或他人所作的序文,有些仅仅叙一点因缘,说一点感想,与全书内容关涉很少;那种序文的本身也许是一篇好文字,但对于读者,就比较不重要了。至于他人所作的序文,有专事赞扬而过了分寸的,有很想发挥而不得要领的;那种序文实际上很不少,诗文集中尤其多,简直可以不必看。教师指导的时候,不但教学生先看序文,就此完事;更须审察序文的重要程度,予以相当的提示,使他们知道注意之点与需要注意力的多少。若是无关紧要的序文,自然不教他们看,以免浪费时力。

目录表示一部书的骨干,也具有提要的性质;所以如序文一样,也须养成学生先看它的习惯。有些书籍,固然须顺次读下去,不读第一卷,就无从着手第二卷。有些书籍却不然,全书分做许多部分,各部分自为起讫,其前后排列,并无逻辑的根据,或仅大概以类相从,或仅依据撰作的年月,或竟完全出于编排时候的偶然;对于那样的书籍,就不必顺次读下去;为彻底了解全书,彻底认识作者起见,颠乱全书的次第,把有关的各卷各篇作一次读,读过以后，再把其他有关的各卷各篇作一次读，或许更比顺次读下去方便且有效得多。要把有关的各卷各篇聚在一起，就更有先看目录的必要。又如选定教材若是旧小说，假定是《水浒》，因为分量太多，时间不够，不能通体略读，只好选读它的一部分，如写林冲或武松的几回。要知道哪几回是写林冲或武松的，也得先看它的目录。又如选定教材的篇目若是非常简略，而其书又适宜于颠乱了次第来读的，假定是《孟子》，那就在篇目之外，最好先看赵岐的"章指"。"章指"并不编列在目录的地位；用心的读者不妨抄录二百几十章的"章指"，当它是个详细的目录提要。有了这详细的目录提要，因阅读的目标不同，就可以把二百几十章作种种的组合，对于每一组合作一面精心的研读。此外，目录的作用当然还有，可以类推，不再详说。教师指导的时候，务须相机提示，使学生能够充量利用目录。

三　参考书籍指导

参考书籍，包括关于文字的音义、典故成语的来历等所谓工具书，以及与所读的书有关，必须借彼而后明此的那些书籍而言。从小的方面说，阅读一书而求其彻底了解，从大的方面说，做一种专门研究，要从古今人许多经验中得到一种新的发见，一种系统的知识，都必须广博的翻检参考书籍。一般学生读书，往往连字典、辞典也懒得翻，莫说跑进图书室去检览有关书籍了。这样"读书不求甚解"的态度，当时未尝不可马虎过去；但这就成了终身的病根，将永不能从阅读方面得到多大益处；若做专门研究工作，更难有满意的成就。所以，利用参考书籍的习惯，必须在学习国文的时候养成；精读方面要多多参考，略读方面还是要多多参考。在起初，学生自必嫌得麻烦，这要翻检，那要搜寻，不如直捷读下去来得爽快；但渐渐的成了习惯，就觉得

必须这样多多参考，才可以透切的了解所读的书，其味道的深长，远胜于"不求甚解"；那时候，教他们"不求甚解"也不愿意了。国文课内指导参考书籍，当然不能如专家作研究时候一样，搜罗务求广博，凡有一语一条用得到的材料都舍不得放弃，开列个很长的书目。第一，须顾到学生的能力。参考书籍所以帮助理解本书，若比本书艰深，非学生能力所能利用，虽属重要，也只得放弃。譬如阅读某一书，须作关于史事的参考，与其教学生查二十四史，不如教他们翻一部近人所编的通史；再退一步，不如教他们看他们所读的历史课本。因为通史与历史课的编辑方法适合于他们的理解能力；而二十四史本身还只是一堆材料，要在短时期间从中得到关于一件史事的概要，事实上不可能。曾见一些热心的教师给学生开参考书目，把自己所知道的，巨细不遗，逐一写列，结果是洋洋大观；学生见了一大篇的书目，惟有望洋兴叹；有些学生果真去按目参考，又大半不能理解，有参考之名，无参考之实。这就是以教师自己为本位，忽略了学生的能力的弊病。第二，须顾到图书室的设备。教师提示的书籍，学生从图书室中立刻可以检到，既不耽误工夫，且易引起兴趣。如果那参考书的确必要，又为学生的能力所能利用，但图书室中没有，学生只能以记忆书名了事；那就在阅读上短少了一分努力，在训练上错过了一个机会。因此，消极的办法，教师提示参考书籍，应以图书室中所具备的为限；积极的办法，就得有计画的采购图书室的图书——各科至少有最低限度的必要参考书籍，国文科方面当然要有它的一份。这事情很值得提倡；现在一般学校，不是因为经费不足，很少买书，就是因偶然的机缘与教师的嗜好，随便买书；有计画的为供学生参考而采购的，似乎还不多见。还有个补救的办法，就是：图书室中虽没有那书籍，而地方图书馆或私家方面却有，教师不妨指引学生去借来参考。图书室中购备参考书籍，即使有复本，也不过两三本而已；一班学生同时要拿来参考，势必争先恐后，好不容易拿得到手,已经浪费了许多时间。为解除这种困难,可以用分组参考的办法:假定阅读某种书籍需要参考四部书,就分学生为四组,使每组参考一部;或待相当时间之后互相交换,或不再交换,就使每组报告参考所得,以免他组自去参考。第三,指定了参考书籍,教师的事情并不就此完毕。如果那书籍的编制方法是学生所不熟习的,或者分量很多,学生不容易找到所需参考的部分的。教师都得给他们说明或指示。一方面要他们练习参考,一方面又要他们不致茫无头绪,提不起兴趣;惟有如上所说相机帮助他们,才可以做到。

四　阅读方法指导

各书因性质不同,阅读方法也不能一致。但就一般说,总得像精读时候的预习一样,就其中的一篇或一章一节,逐句循诵,摘出了解的处所;然后应用平时阅读的经验,试把那些不了解的处所自求解答;得到了解答,再看注释或参考书,以证验解答得对不对;如果实在无法解答,那就径看注释或参考书。不了解的处所都弄清楚了,又复读一遍,明了全篇或全章全节的大意。最后细读一遍,把应当记忆的记忆起来,把应当体会的体会出来,把应当研究的研究出来。全书的各篇或各章各节,都该照此办法。略读原所以训练阅读的优良习惯,必须脚踏实地,毫不苟且,才有效益;绝不能让学生胡乱读过一遍就算。惟有开始脚踏实地,毫不苟且,到习惯既成之后,才会"过目不忘","展卷有得"。若开始就草草从事,说不定将一辈子"过目辄忘","展卷而无所得"了。还有一层,略读既是国文功课方面的工作,无论阅读何种书籍,都宜抱着研究国文的态度。平常读一本数学课本,不研究它的说明如何正确;读一本史地课本,也不研究它的叙述如何精当。数学课本与史地

11

课本原可以在写作技术方面加以研究；因作者的造诣不同，同样是数学课本与史地课本，其正确与精当的程度，实际上确也大有高下。但是在学习数学、学习史地的立场，自不必研究那些；如果研究那些，便转移到学习国文的立场，抱着研究国文的态度了。其他功课的阅读都只须顾到书籍的内容；国文功课训练阅读，独须内容形式兼顾，并且不把内容形式分开来研究，而认为不可分割的两方面；经过了国文功课方面的训练，再去阅读其他功课的书籍，眼力自也增高。认清了这一层，对于选定的略读书籍，自必一律作写作技术的研究。被选的书总有若干长处；读者不仅在记得那些长处，尤其重要的，在能看出为什么会有那些长处。同时不免或多或少有些短处；读者也须能随时发见，说明它的所以然，这才可以做到读书而不为书所蔽。——这一层也是就一般说的。

现在再分类来说，有些书籍，阅读它的目的在从中吸收知识，增加自身的经验；那就须运用思考与判断，认清全书的要点，不歪曲也不遗漏，才得如愿。若不能抉择书中的重要部分，认不清全书的要点，或忽略了重要部分，却把心思用在枝节上，所得结果就很少用处。要使书中的知识化为自身的经验，自必从记忆入手；记忆的对象若是阅读之后看出来的要点，因它条理清楚，印入自较容易。若不管重要与否，而把全部平均记忆，甚至以全部文句为记忆的对象；那就没有纲领可凭，增重心思不少的负担，结果或且全部都不记忆。所以死用记忆决不是办法，漫不经心的读着读着，即使读到烂熟，也很难有心得；必须随时运用思考与判断，接着择要记忆，才合于阅读这一类书籍的方法。

又如小说或剧本，一般读者往往只注意它的故事；故事变化曲折，就感到兴趣，读过以后，也只记住它的故事。其实凡是好的小说或剧本，故事仅是迹象；凭着那迹象，作者发挥他的人生经验或社会批判，那些才是精魂。

阅读小说或剧本而只注意它的故事,便是专取迹象,抛弃精魂,绝非正办;在国文课内,要培植欣赏文学的能力,尤其不应如此。精魂就寄托在迹象之中,对于故事自不可忽略;但故事的变化曲折所以如此而不如彼,都与作者发挥他的人生经验或社会批判有关,这一层更须注意。初学者还没有素养,一时当然无从着手;全仗教师给他们易晓的暗示与浅明的指导,渐渐引他们入门。穿凿附会固然要不得,但粗疏忽略同样要不得。凭着故事的节目,逐一追求作者要说而没有明白说出来的意思,才会与作者的精神相通;才是阅读这一类书籍的正当方法。有些学生喜欢看低级趣味的小说之类,教他们不要看,他们虽然答应了,一转身还是偷偷的看。这是由于没有学得阅读这类书籍的方法,注意力仅仅集中在故事上之故。他们如果得到适当的暗示与指导,渐渐有了素养,便将觉得低级趣味的小说之类在故事之外没有东西,经不起咀嚼;不待他人禁戒,自然就不喜欢看那些了。——这可以说是消极方面的效益。

又如诗集,若是个人的专集,按照着写作的年月,顺次看他意境的扩大或转换,风格的确立或变易,是一种读法。按题材归类,看他对于某一类题材如何立意,如何发抒,又是一种读法。按体式归类,比较他对于某一类体式最能运用如意,倾吐诗心,又是一种读法。以上都是分析研究方面的事儿,而文学这东西,尤其是诗歌,不但须分析的研究,还得要综合的感受。所谓感受,就是读者的心与诗人的心起了共鸣,仿佛诗人说的正是读者自己的话,诗人宣泄的正是读者自己的情感似的。阅读诗歌的最大受用在此;通常说诗歌足以陶冶性情,就因为深美高妙的诗歌能使读者与诗人同其怀抱。但这种受用不是没有素养的人所能得到的;素养不会凭空而至,还得从分析的研究入手。研究愈精,理解愈多,才见得纸面的文字——是诗人心情动荡的表现;读它的时候,心情也起了动荡,几乎分不清那诗是诗人的还是读者

自己的。所读的若是总集,也可应用类似前说的方法。发见各代诗人取材的异同,风格的演变;比较各家各派意境的浅深,抒写的技巧;探讨各种体式如何与内容相应,如何必须去旧而谋新:这些都是研究的事儿;惟有经过这样研究,才可以享受诗歌。我国历代,诗歌的产量极为丰富;读诗一事,在知识分子中间差不多是普遍的嗜好。但就一般说,因为研究不精,感受不深,往往不很了然什么是诗。其表现于阅读与写作方面的,几乎认为凡是五字一句,七字一句,而又押韵的文字便是诗;最近二十年通行了新体诗,又有多数人认为凡是分行写的白话便是诗了。对于什么是诗既不能了然,哪里谈得到享受? 更哪里谈得到写作? 中学生固然不必写诗,但享受却是他们的权利;要使他们真能享受诗歌,自非在国文课内认真指导不可。

又如古书,阅读它而要得到真切的了解,必须明了古人所处的环境与所怀的抱负。陈寅恪先生作冯友兰《中国哲学史》的审查报告,中间说:"古人著书立说,皆有所为而发;故其所处之环境,所受之背景,非完全明了,则其学说不易评论。而古代哲学家去今数千年,其时代之真相,极难推知。吾人今日可依据之材料,仅为当时所遗存最小之一部;欲借此残余断片,以窥测其全部结构,必须备艺术家欣赏古代绘画雕刻之眼光及精神,然后古人立说之用意与对象,始可以真了解。所谓真了解者,必神游冥想,与立说之古人处于同一境界,而对于其持论所以不得不如是之苦心孤诣,表一种之同情,始能批评其学说之是非得失,而无隔阂肤廓之论。否则数千年前之陈言旧说,与今日之情势迥殊,何一不可以可笑可怪目之乎?"这里说的是专家研究古代哲学应持的态度,并不为中学生而言;要达到这种境界,必须有很深的修养与学识,一般知识分子尚且不易做到,何况中学生? 但指导中学生阅读古书,不可不酌取这样的意思,以正他们的趋向——尽浅不妨,只要趋向正,将来可以渐求深造。否则学生必致辨不清古人的是非得失,或者一味盲从古人，成个不通的"新顽固"，或者一味抹杀古人，骂古人可笑可怪，成个浅薄的妄人。这岂是教他们阅读古书的初意呢？所谓尽浅不妨，意思是就学生所能领会的，给他们适当的指导。如读《孟子·许行》章"或劳心，或劳力；劳心者治人，劳力者治于人。治于人者食人，治人者食于人，天下之通义也"一节，若认孟子这个话为天经地义，而说从前君主时代，竭尽天下的人力物力以供奉君主是合理的，现代的民权思想与民主政治是要不得的；这便是糊涂头脑。若认孟子这个话为胡言乱语，而说后代劳心者与劳力者分成两个阶级，劳心阶级地位优越，劳力阶级不得抬头，都是《孟子》的遗毒；这也是偏激之论。要知道《孟子》这一章在驳许行的君臣并耕之说，他所持的论据是与许行相反的"分工互助"。劳力的百工都有专长，劳心的"治人者"也有他的专长；各出专长，分任工作，社会才会治理。这是孟子的政治理想，与现代所谓"专家政治"相近。时代到了战国，社会关系渐趋繁复，许行那种理想当然行不通。孟子看得到这一点，自是他的识力。要怎样才是他理想中的"治人者"？看以下"当尧之时"一大段文字便可明白，就是：像尧舜那样一心为民，干得有成绩，才算合格。这是从他"民为贵"的根本观点而来的；正因"民为贵"，所以为民除疾苦、为民兴教化的人是"治人者"的模范。于此可见他所谓"治人者"，至少含有"一心为民，干政治具有专长的人"的意思，并不泛指处在君位的人，如古代的酋长或当时的诸侯。至于"食人"、"食于人"，在他的意想中，只是表示互助的关系而已，并不含有"注定被掠夺"、"注定掠夺人家"的意思——如此看法，大概近于所谓"了解的同情"，与前面说起的糊涂头脑与偏激之论全然异趣。这未必深奥难知，中材的高中二三年生也就可以领会。若多作类似的指导，学生自不致走入泥古诬古的歪路。

五　问题指导

　　无论阅读何种书籍,要把应当记忆的记忆起来,把应当体会的体会出来,把应当研究的研究出来,总得认清几个问题——也可以叫做题目。如读一个人的传记,那个人的学问、事业怎样呢? 或读一处地方的游记,那地方的自然环境、社会情形怎样呢? 都是最浅近的例子。心中存着这些问题或题目,阅读就有了标的,辨识就有了头绪。又如阅读《爱的教育》,可以提出许多问题或题目:作为书中主人翁的那个小学生安利柯,他的父亲常常勉励他、教训他,父亲希望他成个怎样的人呢? 书中写若干小学生,家庭环境不同,品性习惯各异,品性习惯受不受家庭环境的影响呢? 书中很有使人感动的地方,为什么能使人感动呢? 诸如此类,难以说尽。或阅读《孟子》,也可以提出许多问题或题目:孟子主张"民为贵",书中的哪些篇章发挥这个意思呢? 孟子的理想中,把政治分为"王道的"与"霸道的"两种,两种的区别怎样呢? 孟子认为"王政"并不难行,他的论据又是什么呢? 诸如此类,难以说尽。这些是比较深一点的。在善于读书的人,一边读下去,一边自会提出一些问题或题目来,作为阅读的标的,辨识的头绪;或当初读时候提出一些,到重读时候另外又提出一些。教学生略读,当然希望学生也能如此;但学生习惯未成,功力未到,恐怕他们提不出什么,只随随便便的胡读一阵了事,就有给他们提示问题的必要。对于一部书,可提出的问题或题目,往往如前面说的,难以说尽;提得太深了,学生无力应付,提得太多了,学生又无暇兼顾;因此,宜取学生能力所及的,分量多少又得顾到他们的自修时间。凡所提示的问题或题目,不只教他们"神游冥想",以求解答;还要让他们利用所有的凭借,就是序目、注释、批评及其他参考书。在教师所提示之外,学生如能自己提出,当然大可奖励。但提得有无价值,得当不得当,还须由教师加以注意与指导。为养成学生的互助习惯与切磋精神起见,也可分组研究;令每组解答一个问题或题目,到上课时候报告给大家知道,再听同学与教师的批判。

以上说的,都是教师给学生的事前指导。以后就是学生的事情了——按照教师所指导的去阅读,去参考,去研究。在这一段过程中,学生应该随时作笔记。说起笔记,现在一般学生似乎还不很明白它的作用;只因教师吩咐要作笔记,他们便在空白本子上胡乱写上一些文字交卷。这种观念必须纠正,要让他们认清:笔记不是教师向他们要的赋税,而是他们修学读书不能不写的一种记录。参考得来的零星材料,临时触发的片段意思,都足以供排比贯穿之用,怎能不记录?极关重要的解释与批评,特别欣赏的几句或一节,就在他日还值得一再检览,怎能不记录?研究有得,成了完整的理解与认识,若不写下来,也许不久又搅忘了,怎能不记录?这种记录都不为应门面、求分数、讨教师的好;而只为于他们自己有益——必须这么做,他们的修学读书才见得切实。从上面的话看,笔记大概该有两大部分:一部分是碎屑的摘录;一部分是整统的心得——说得堂皇一点,就是"读书报告"或"研究报告"。对于初学,当然不能求其周密深至;但敷衍塞责的弊病必须从开头就戒除,每抄一条,每写一段,总得让他们说得出个所以然。这样成了习惯,终身写作读书笔记,便将受用无穷,无论应付实务或研究学问,都可以从笔记方面得到许多助益。而在上课讨论的时候,这种笔记便是参加讨论的准备;有了准备,自不致茫然无从开口,或临时信口乱说了。

学生课外阅读之后,在课内报告并讨论阅读一书某一部分的实际经验;待全书读毕,然后作关于全书的总报告与总讨论:这在前面已经说过。那时候教师所处的地位与应取的态度,《精读指导举隅》曾有提到,不再多说。现

在要说的是关于成绩考查的事儿。教师指定一本书教学生阅读,要他们从书中得到何种知识或领会,必须有个预期的标准;那标准便是判定成绩的根据。完全达到了标准,成绩很好,固然可喜;可是,如果达不到标准,却不该给他们一个不及格的分数就此了事。其时教师必须研究学生所以达不到标准的原因——是教师自己的指导不完善呢?还是学生的资质上有缺点,学习上有疏漏?——竭力给他们补救或督促,希望他们下一次阅读时成绩较好,能渐近于标准。一般指导自然愈完善愈好;对于资质较差,学习能力较低的学生的个别指导,尤须有丰富的同情与热诚。总之,教师在指导方面多尽一分力,无论优等的次等的学生,必可在阅读方面多得一分成绩。单是考查、给分数、填表格,没有多大意义;为学生的利益而考查,依据了考查再打算增进学生的利益,那才是教育家的存心。

以上说的成绩,大概指了解、领会以及研究心得而言。但还有一项,就是:阅读的速度。处于事务纷繁的现代,读书迟缓,实际上很吃亏;略读既以训练读书为目标,自当要求他们速读,读得快,算是成绩好,不然就差。不用说,阅读必须以精细正确为前题;可是,既能精细正确,是否敏捷迅速,却是判定成绩时候应该注意的。

孟 子

一

阅读《孟子》，可取两种本子。一种是宋代朱熹的《孟子集注》。一种是清代焦循的《孟子正义》。两种都有商务印书馆的国学基本丛书本（《孟子集注》与《大学章句》、《中庸章句》、《论语集注》合称《四书章句集注》；中华书局也有；又，这四种是宋代以来至今通行的读本，各地都有木刻本），后一种又有世界书局的诸子集成本，定价不高，而且容易买到。《四书章句集注》是朱熹一生心力所萃，其发挥处表示宋学的精神——宋学，指宋代的道学，也就是现代所谓哲学。朱熹是宋代的大哲学家，他注这四部儒书，实即发挥二程（程颢、程颐）与他自己对于儒家思想的认识，所以表示宋学的精神。他的训诂考证虽不免有粗疏阙略之处，还待后来好些专家给他正补；但就一般说，简单扼要，篇幅不多，便于省览。《孟子正义》是依据后汉赵岐《孟子章句》的注，逐一给它作详密的疏，所采清代顾炎武以下六十馀家之说："于赵氏之说或有所疑，不惜驳破以相规正；至诸家或申赵义，或与赵殊，或专翼孟，或杂他经，兼存备录，以待参考。"（见《孟子篇叙》篇末疏中）这是集大成的工作，一般批评都说它当得"精博"两字。但篇幅繁多，训诂考证又偏于专门，初学者未必能够消化。现在不妨把《孟子集注》作为大家案头阅读的本子，而从图书室中检出一部《孟子正义》来，供偶尔的参考；能力较强，素养较深的同学，自可兼看正义。

参考书不拟多举，只提以下四种。一是历史课内所用的本国史课本。要读《孟子》，不可不明了孟子所处的时代；关于这一点，无论何种本国史课本，多少总有述及。二是冯友兰的《中国哲学史》（商务印书馆本）。这部书的第六章讲孟子思想极简要。阅读古代所谓诸子，必然牵涉思想问题，这就关系到哲学。哲学不一定微妙难知；就简单方面说，只是哲学家所抱的一种见解，"持之有故，言之成理"而已。所以，国文课内的阅读，也可取关于哲学的书籍来作参考。三是钱穆的《论语要略》（商务印书馆本）。这是一本研究《论语》也就是研究孔子的书；孟子自负继承孔子，他的思想与孔子关系最密切，理解《论语》当然可以帮助理解《孟子》。但所以提出这本书，尤其重要的，在它的方法。《论语》只是散乱的记述孔子的言行，这本书却从其中采辑相关的材料，分题研究；因为材料是本身的，排比在一起，其结论也就显然可知，没有穿凿附会的弊病。这种研究方法，对于《孟子》也极为合式。四是裴学海的《古书虚字集释》（商务印书馆本）。《孟子》一书，虽与后代的文言相差不远，但还有若干虚字，是后代文言所不常用的。这种虚字的训释，《孟子正义》收集得很齐备；恐怕一般同学无力看《正义》，所以提出这一本书。其

体例与字典相似;对于每一个虚字,从实例中归纳出若干训释来,在每一个训释之下,就列举古书中的那些例句。只是各字的排列次第,与寻常字典不同;它不依各字的形体,按部首排列,而依各字的声音,按音母编次。起初使用它,不免感觉不便;但音母实在并不难辨,少加注意,渐即熟悉,若是记得注音符号注音的人,一经指点便明白了。

　　以上所举,除第一种外,通常认为大学适用的;拿来给高中同学参考,似乎是躐等。但所谓某种书适宜于某种程度的读者,原是大概的说法;高中二三年的同学,距离大学的阶段已经不远,若能多努力,多用心,便是大学用书,又何尝不可参考?况且这三种书都是现代人编撰的,条理明白,文字流畅,比较参考从前人编撰的书,阅览上可以省力不少,理解上也有亲切之感。这是提出它们来的又一层理由。

二

　　《孟子》一书,记载孟子一家的思想言论,与《荀子》、《庄子》等书同类,应当归入"子"部。《汉书·艺文志》、《隋书·经籍志》、《旧唐书·经籍志》都把它列在儒家,正是认孟子为诸子之中的一家。但是到了宋代,《孟子》一书却被选拔出身,升到了"经"部。清代何绍基《东洲草堂诗集》中有《寄题丁俭卿新获嘉祐二体石经册》七言古诗一首,题目下记道:"丁俭卿舍人凡新得宋嘉祐二体石经三百七十馀纸,为《易》、《书》、《诗》、《春秋》、《礼记》、《周易》、《孟子》七经。《玉海》等书述汴石经,不言有《孟子》。表章亚圣,自此刻始。是足补史志之阙。"以前的石经不收《孟子》,这嘉祐石经却收了,可见把《孟子》归入经部是从宋仁宗时候开始的。而南宋陈振孙作《直斋书录解题》,把《孟子》列入经类,是目录家对孟子移易观点的开头。"经"字原指六艺(诗、书、乐、易、礼、春秋)而言(这样用得最早的,当推《礼记》中的《经解》)。六艺都是孔子以前的旧籍,孔子教人,这些就是他的教科书。他教的时候,也许加点儿选择,又或随时引申,算是他的讲义。后来人所说孔子删正六经,情形大概如此。孔子以后的儒家效法孔子,继续用六艺教人,而他家却只讲自己的思想学说,不讲旧籍,因此,六艺就似乎是儒家所专有。到汉武帝时候,罢黜百家,专尊儒术,立诗、书、礼、易、春秋于学官(或说乐经其时已亡失,或说乐本没有专书),定名为五经;于是"经"字开始含有特别高贵的意味。唐代以三礼(《仪礼》、《礼记》、《周礼》)三传(《左传》、《公羊传》、《穀梁传》)含《诗》、《书》、《易》为九经。唐文宗开成年间,在国子学刻石,又把《孝经》、《论语》、《尔雅》加进去,为十二经。到了宋代,如前面所说,《孟子》又被加进去,便成十三经。现在用平心的看法,经部书实在就是儒家的书;孟子虽是诸子之中的一家,但如陈振孙所说:"自韩文公称'孔子传之轲,轲死不得其传',天下学者咸曰孔孟,孟子之书,固非荀杨以降所可同日语也。"那末被列入"经"部确是应该的。

　　《孟子》又是《四书》之中的一部。朱熹取《礼记》中的《大学》、《中庸》两篇,以配《论语》、《孟子》,为作章句集注,定名为四书。他在《大学章句》的开头记道:"子程子曰:《大学》,孔氏之遗书,而初学入德之门也。于今可见古人为学次第者,独赖此篇之存。而《论》、《孟》次之。学者必由是而学焉,则庶乎其不差矣。"他的《中庸章句序》说:"《中庸》何为而作也?子思子忧道学之失其传而作也。……若吾夫子,则虽不得其位,而所以继往圣,开来学,其功反有贤于尧舜者。然当是时,见而知之者,惟颜氏、曾氏之传得其宗。及曾氏之再传,而复得夫子之孙子思,则去圣远而异端起矣。子思惧夫愈久而愈失其真也,于是推本尧舜以来相传之意,质以平日所闻父师之言,更互演绎,作为此书,以诏后之学者。"可见他编辑四书,宗旨在供给研究道

学的人一套有系统的教科书。他的意思,先读《大学》,懂了为学次第,才可以尽《论》、《孟》的精微;对于《论》、《孟》既能融会贯通,再读《中庸》,才可以穷道学的旨趣(现在四书次第,《中庸》在《大学》之后,乃以篇幅多少排列,并非朱熹的原意)。这套教科书,元仁宗延祐年间开始据以取士,明代清代因仍不改,凡读书的人必须诵习,势力最为广遍。因此,四书几乎成为知识分子的常识课本,无论习行方面、思想方面、言语方面,都不免与它发生关系。现在读《孟子》,这一层也是应该知道的。

《孟子》一书,汉人都以为孟子自作。司马迁《史记·孟子荀卿列传》里说:"孟轲……游事齐宣王,宣王不能用。适梁,梁惠王不果所言,则见以为迂远而阔于事情。……所如者不合。退而与万章之徒序《诗》、《书》,述仲尼之意,作《孟子》七篇。"赵岐《孟子题辞》里说:"孟子闵悼尧舜汤文周孔之业将遂湮微……于是则慕仲尼,周流忧世,遂以儒道游于诸侯,思济斯民。由不肯枉尺直寻,时君咸谓之迂阔于事,终莫能听纳其说。……于是退而论集所与高第弟子公孙丑、万章之徒难疑答问,又自撰其法度之言,著书七篇。"这都说孟子如现在的教师一样,自编讲义,自订学生所作的笔记,集合起来,成为一部学术讲录。到唐代韩愈,始以为其书出于弟子之手。韩愈《答张籍书》里说:"孟轲之书,非轲自著;轲既殁,其徒万章、公孙丑相与记轲所言焉耳。"这是说《孟子》一书只是学生的笔记集,孟子自己并没有动笔。后人给后一说找证据,提出两点。一点是:《孟子》书中,对于孟子所见诸侯大都称谥,而诸侯之中,有可断言死在孟子之后的(如鲁平公),孟子决不能豫知他死后的谥;可证其书并非孟子自作。又一点是:《孟子》书中,对于孟子弟子大都称"子",这是尊称,非师对弟子所宜用;可证其书并非孟子自作。对于前一点,有人解释说,书是孟子自己所作,但后来又经弟子编定;当编定的时候,于当时诸侯,就其可知的,一律加谥,以便识别。对于后一点,有人解释

说，"子"是男子的通称，不一定是尊称，师对弟子也常用；在《孟子》书中，就有"子诚齐人也"、"我明语子"的话，都是孟子称他的弟子可以为证。前一解释是可能的，后一解释是确凿的；但只能证明那两个证据不很坚强，并不能就此证明《孟子》书确系自作。大概自作的确据是找不到的；清代阎若璩《孟子生卒年月考》里说："《论语》成于门人之手，故记圣人容貌甚悉；七篇成于己手，故但记言语或出处耳。"也只是想象之辞——不记容貌，岂便是自作的确据？现在只能信从较古且较可靠的材料，如朱熹一样，认为"史记近是"（见《孟子集注》卷首的《孟子序说》）。但有一点可以断言的，就是：无论是孟子自作或弟子所记，其编撰工作总之出于一人之手，不像大多数的子书那样，是一派中前后许多学者的著作的结集。这从文字方面看，便可以知道。朱熹说："《论语》多门弟子所集，故言语时有长短不类处；《孟子》疑自著之书，故首尾文字一体。无些子瑕疵，不是自下手，安得如此好？若是门弟子集，则其人亦甚高。"（《朱子语类》）首尾文字一体，读过《孟子》的人都有这种感觉；若不是出于一人之手，怎能一体呢？朱熹答人疑问，又说："熟读七篇，观其笔势，如镕铸而成，非缀缉所就也。"（宋代王应麟《困学纪闻》引）非缀缉所就，也说明出于一手的意思。还有一层，私人著作的古书，据现在所知，最早是《论语》。《论语》是记言体，极为简约。及到《孟子》、《庄子》等书，便由简约的记言进而为铺排的记言，更有设寓的记言；这是战国诸子文体的初步。此后乃有不用记言体而据题抒论的，如《荀子》书中的一部分；这是战国诸子文体演进的第二步（以上冯友兰《中国哲学史》引傅斯年说）。这也是文字观点上的话；要把《孟子》与其他子书比较，应先有这样的概念。

现在的《孟子》凡有七篇，是赵岐作《孟子章句》以后的本子。以前所传的《孟子》却有十一篇。赵岐《孟子题辞》里说："又有外书四篇——《性善》、《辩文》、《说孝经》、《为政》，其文不能宏深，不与内篇相似；似非孟子本真，

后世依放而托也。"后来传孟子的都依据赵本，外书四篇于是亡失。但他书中称引《孟子》的话，为七篇中所没有的，现在还可以见到。清代顾炎武《日知录》里说："《史记》、《法言》、《盐铁论》等所引《孟子》，今《孟子》书无其文，岂俱所谓外篇者邪？"大概是不错的。至于七篇编排的次序，赵岐以为具有意义的。他在《孟子篇叙》里说："孟子以为圣王之盛，惟有尧舜，尧舜之道，仁义为上；故以梁惠王问利国，对以仁义为首篇也。仁义根心，然后可以大行其政；故次之以公孙丑问管晏之政，答以曾西之所羞也。政莫美于反古之道，滕文公乐反古；故次以文公为世子，始有从善思礼之心也。奉礼之谓明，明莫甚于离娄；故次之以离娄之明也。明者当明其行，行莫大于孝；故次以万章问舜往于田号泣也。孝道之本，在于情性；故次以告子论情性也。情性在内，而主于心；故次以尽心也。尽己之心与天道通，道之极者也；是以终于尽心也。"这样从散乱之中看出个条理来的办法，大概模仿《易经》的《序卦》，说得通时，未尝不新奇可喜。但这完全依据主观，只是读者的一种看法，绝非作者当时编排的原意。现在不用主观的眼光，那么，《孟子》每篇中的各章以及七篇的次序，只能说是大概以类相从，从政治经济的实迹方面进到心性存养的抽象方面。《梁惠王》篇、《滕文公》篇中，大都是与当时诸侯人士的谈话；《万章》篇中，大都谈尧舜禹汤以及孔子的故事；《离娄》篇、《尽心》篇，汇集许多短章：所以说它大概以类相从。在前面的几篇中，谈政治经济的话居多，一贯的宗旨在阐明"王政"；到第六篇《告子》，却有许多章发挥对于"性"的见解，第七篇《尽心》开头一章便说尽心知性：所以说它大概以政治经济的实迹方面进到心性存养的抽象方面。而第七篇《尽心》的末了一章，说从尧舜到孔子，每"五百有馀岁"而有"知"道的圣人出世；以下接说孟子自己所处的时地："去圣人之世，若此其未远也；近圣人之居，若此其甚也。"结末说："然而无有乎尔，则亦无有乎尔！"叹息没有人继孔子而起，隐然

以继承孔子之业为己任。这一章表明自家宗旨,与他书的"自叙"性质相近;编在末了,却不能说它没有意义。总之,《孟子》书的编排,并没有严密的逻辑的次序,所以不必按着次序一章章的读;为充分了解起见,还是颠乱了次序,把相关各章(如论"王政"的各章、阐明"民为贵"的各章)作一次读,来得有益。

<h1 style="text-align:center">三</h1>

孟子的出处,《史记·孟子荀卿列传》记载得很简略,生卒也不详。后来经许多人考证,其说互有异同。大概他先事齐宣王,后见梁惠王、梁襄王,又事齐宣王;年寿很高,在八十岁以上,卒于距今二千二百三十年前后。他那时代是所谓战国之世。我国古代,从春秋到汉初,是社会组织的大改变时期。在春秋以前,社会上显分两个阶级,一是贵族,一是庶人。贵族之中又有层层阶级,都握有政治权与经济权,而且世代相袭;庶人只是贵族的奴仆,平时替贵族服种种劳役,战时便替贵族打仗拼命。这在当时人的意念中,认为当然之事,故而大家相安过去。可是到了春秋之世,贵族阶级开始崩坏了。其时诸侯上僭于天子,卿大夫上僭于诸侯,陪臣也上僭于卿大夫;贵族阶级不能各自守其阶级的制限,本身就大乱起来。同时庶人崛起而为大地主、大商人,他们有了经济上的势力,也便有政治上的势力,足以威胁贵族。这是个全新的局面,以前不曾有过。有心人遇到了,自然要精思深虑,求得一个有条理的理论,以为自己及他人应付这新局面的标准。所谓诸子书,就是这样来的;诸子都是处在新局面中的有心人。社会组织的大改变,到汉代而渐渐停止,对于由自然趋势产生出来的新制度,大家又能相安;于是诸子也就没有了。以上说明我国古代特别有"诸子争鸣"这个现象的原因。再说处在新局面中的有心人,孔子是最早的一个;他却是拥护旧制度的。冯友兰

孟子

《中国哲学史》里说:"在一社会之旧制度日即崩坏之过程中,自然有倾向于守旧之人,目睹'世风不古,人心日下',遂起而为旧制度之拥护者,孔子即此等人也。不过在旧制度未摇动之时,只其为旧之一点,便足以起人尊敬之心;若其既已动摇,则拥护之者,欲得时君世主及一般人之信从,则必说出其所以拥护之之理由,与旧制度以理论上的根据。此种工作,孔子已发其端,后来儒家者流继之。""为旧制度之拥护者"、"与旧制度以理论上的根据",这两语说明了孔子的精神,也就是儒家的精神;现在读《孟子》书,应当特别记住。孟子距离孔子一百多年,其时思想界情形,与孔子时候有所不同。在孔子时候,还没有其他有势力的学派,与孔子对抗;及到孟子时候,思想派别已极复杂。他惟恐"孔子之道不著"(《滕文公下》"外人皆称夫子好辩"章),所以对于他派的学说,尽力攻击;除他自己明说的"距杨墨"(同在前章)以外,又驳斥"为神农之言者许行"(《滕文公上》"有为神农之言者许行"章),崇拜公孙衍、张仪的景春(《滕文公下》"公孙衍张仪岂不诚大丈夫哉"章)、讥讽他的淳于髡(《离娄上》"男女授受不亲"章、《告子下》"先名实者为人也"章)、主张薄税自夸有水利经验的白圭(《告子下》"吾欲二十而取"章、"丹之治水也愈于禹"章)等人的主张或议论;对于法家、名家、阴阳家、兵家等,也都有反对的论调("省刑罚"——《梁惠王上》"晋国天下莫强焉"章——抵拒法家言;"生之谓性也,犹白之谓白欤?"——《告子上》"生之谓性"章——抵拒名家言;"天时不如地利"——《公孙丑下》"天时不如地利"章——抵拒阴阳家言;抵拒兵家言的篇章尤其多,这里不列举了)。《孟子》书几乎是一部辩论集,这是孟子所处的时代使然。而他辩论的一贯精神,只是拥护旧制度,"与旧制度以理论上的根据"。

孟子以为旧时的政治经济制度都是要得的,他把它称为"仁政"或"王政"或"王道";而当世的各国纷争,民生困苦,全由于诸侯不能行那种"仁

略读指导举隅

政”，一般“游事诸侯”发言立说的人不懂得那种“仁政”。在事实上，旧时的政治经济制度只是自然趋势的产物，不一定含有什么道理；可是，他要把它作为当世的标准，自当说出道理来。这种道理是他想象出来的，推论出来的，不尽是旧制度的本真；用现在的说法，是他个人的“心得”，而不是“客观的叙说”；他讲尧舜禅让（《万章上》“尧以天下与有诸”章），井田制度（《滕文公上》“滕文公问为国”章），以及解释故事，称引诗书，无不如此。“仁政”为什么要得？因为王者“以德行仁”（《公孙丑上》“以力假仁者霸”章），一切施为都为民众着想，顾到民众的全部利益。民众为什么这样怠慢不得？因为“民为贵”（《尽心下》“民为贵”章）。他用这些道理来解释旧制度，这些道理其实是他的新理论。在孔子并不看轻霸者，对于齐桓公与管仲，曾经深表赞美（《论语·宪问》篇）；孟子却不惜说得歪曲一点，“仲尼之徒，无道桓文之事者”（《梁惠王上》“齐桓晋文之事”章），而把政治分为“王”“霸”两种，贵王而贱霸。在孔子主张正名，只说“君君，臣臣，父父，子子”（《论语·颜渊》篇），处什么地位的人各尽他应尽的本分；孟子却更进一步，说“贼仁者谓之贼，贼义者谓之残，残贼之人，谓之一夫；闻诛一夫纣矣，未闻弑君也”（《梁惠王下》“汤放桀”章），不尽君的本分的人简直不是君，不妨诛灭他。从他“民为贵”与“仁政”为民的观点，自不得不达到这样的结论。孔子自称“述而不作”（《论语·述而》篇），孟子师法孔子也是述而不作；其实他们并非不作，并非没有自己的新见解；只是以述为作，在称说古制，传述旧闻的当儿，就将自己的新见解参和其中而表达出来。孔子把春秋的“书法”归纳为“正名”两字；孟子把旧时的政治经济制度描写成为民的“仁政”。从他们依据旧材料之点来说，那是“述”；从他们将旧材料理论化之点来说，便是“作”了。儒家给予后代的影响，在其“述”的方面小，在其“作”的方面大；换句话说，古制与旧闻的本身，对后代并没多大影响，其影响后代极大的，乃是儒家对古制与

28

旧闻所加的理论。自从孟子把政治分为"王""霸"两种,直到如今,谈政治的人的心目中常常存着这种区别:无论国体是什么,政体是什么,总觉得"王道"是值得仰慕的,"霸道"是不足齿数的。可见孟子理论影响后代的大了。

"仁政"为什么必须施行? 又为什么能够施行? 这是孟子所必须说明的。他主张"仁政",目的原在遏止当世的纷乱,解除民生的困苦;用现在的说法,他抱着一腔救世的热诚。若不说明这两点,怎能得到人家的信从? 若不能得到人家的信从,又怎能达到他的目的? 他说明这两点,把根据完全放在人的心理方面。他说:

> 人皆有不忍人之心。先王有不忍人之心,斯有不忍人之政矣。以不忍人之心,行不忍人之政,治天下可运之掌上。(《公孙丑上》"人皆有不忍人之心"章)

"人皆有不忍人之心",社会纷乱,民生困苦,是"不忍人之心"所难堪的;所以"仁政"必须施行。这种心是人人皆有的,只要根据了这种心,发挥出来便是"不忍人之政",便是"仁政";所以"仁政"能够施行——非但能够施行,而且容易得很,一定办到,"可运之掌上"。他因齐宣王不忍见一条牛"觳觫而就死地"(《梁惠王上》"齐桓晋文之事"章),便断定他可以"保民而王",意思就是如此。这可以说,他要说明他的政治见解才有他的心理见解;也可以说,他根据他的心理见解才有他的政治见解。总之,他的政治见解与心理见解是一贯的。在心理见解方面,他发挥得更为深广。因"人皆有不忍人之心",自然见得人性都善。从性善之说推行开来,便构成了他关于修养方面以及崇高人格的一套理论。

孟子说:

29

所以谓人皆有不忍人之心者,今人乍见孺子将入于井,皆有怵惕恻隐之心;非所以内交于孺子之父母也,非所以要誉于乡党朋友也,非恶其声而然也。(《公孙丑上》"人皆有不忍人之心"章)

"怵惕恻隐之心"就是现在所谓同情心,并无所为,而自然流露。以下接着说:

由是观之,无恻隐之心,非人也。无羞恶之心,非人也。无辞让之心,非人也。无是非之心,非人也。

对于羞恶、辞让、是非之心,没有如对于恻隐之心那样举出例证;但他的意思,必以为这三种心也是并无所为,而自然流露,看"由是观之"一语便可推知。他说过"人之所以异于禽兽者几希"(《离娄下》"人之所以异于禽兽者几希"章),恻隐、羞恶、辞让、是非之心便是那"几希"的部分。所以说没有这四种心就不是人。以下接着说:

恻隐之心,仁之端也。羞恶之心,义之端也。辞让之心,礼之端也。是非之心,智之端也。人之有是四端,犹其有四体也。

这"端"字可以比做萌芽,植物有萌芽,乃是自然机能,只需营养得宜,不加摧残,自会发荣滋长;人的"四端"正与相同,像四体一样,"我固有之也"(《告子上》"告子曰性无善无不善也"章),只须"扩而充之",不为"自贼",自会完成具有仁义礼智四德的崇高的人格。人人皆有"四端",是《孟子》性善之说的根据。但事实上确有不善的人,这由于他们不能扩而充之,不把"四端"积

极发展的缘故。所以他说：

> 求则得之，舍则失之；或相倍蓰而无算者，不能尽其才者也。（同在前章）

"才"就是现在所谓本质，指人人有善性而言；一般人不能发展他们的本质，"舍则失之"，便流于恶；善与恶之间，才有倍蓰乃至计算不清的距离，因此，光是有这"四端"，而任其自然，是不行的；人要合于所以为人的道理，而不致同于禽兽，必须"尽其才"，扩充这"四端"。这是孟子对于修养的根本观点。修养到了极致，当然是崇高的人格；可是，依他的说法，"圣人与我同类者"（《告子上》"富岁子弟多赖"章）；"尧舜与人同耳"（《离娄下》"王使人䁲夫子"章），圣人具有崇高的人格，尧舜是他心目中的标准圣人，却说得这么平常，毫不希奇，见得圣人也不过扩充到了家，无论什么人原都可以扩充到家的。

以上所说，大部分根据冯友兰《中国哲学史》，为篇幅所限，只能扼要提出；诸同学要知道得详细，可以参看原书。但读《孟子》一书，有了上述的一些概念也就够了。孟子的政治见解与心理见解是一贯的，无非从人性本善的观点出发。记住了这一层，读他的二百几十章便能左右逢源，而不至于迷离恍惚，不明白他何所为而云然。不过，刚着手读过三遍，只能知道孟子思想的大概而已，决不能说已经读通了《孟子》；往后每多读一回，必将多一分了解，多一层领会，其了解与领会的增多且将永无止境。这不但读《孟子》书如此，读古典或具有永久价值的文学作品，大都如此。因为这些东西不比数学的定理或化学的方程式，除非不懂，要懂就完全懂；这些东西是要用生活经验去对付的，生活经验愈丰富，愈能够咀嚼其中的意味。一个人的生活经

验没有止境,所以一部古典或文学作品,可以终身阅读而随时有心得。《孟子》书是宋代以来势力很广遍的一部古典,几乎成为知识分子的常识课本,诸同学现在读它只是个开端,将来自当随时读它。抱着拘泥的态度读它当然流为迂腐(如相信今世必须有仁者出来王天下才行),但抱着融通的态度读它却是真实的受用(如相信人必须合于所以为人的道理)。

　　《孟子》七篇,据今本共三万五千二百二十六字,诸同学要以两个月的课外略读时间完全仔细读过,事实上恐怕办不到。那只好取尤其重要的来读,如与当时诸侯人士论仁政的,以及发挥性善之说的若干章。读的时候,须认定两个目标:一是知道孟子思想的大概;一是借此养成阅读虽古而并不艰深的文言的能力。知道某人的思想,当然不就是信从某人的思想;但知道得既已真切,把自己的生活经验来印证,又觉此时此地仍还适合的时候,便不妨信从。古典之中,《孟子》的文字较易通晓,议论的发展,语调的呼应,都与现在人相近;超旷飘逸的文字如《庄子》,简奥费解的文字如《墨经》,尽可以让具有哲学兴趣的文学者与考据者去研究,一般人不一定要阅读;而如《孟子》那样的文字,却是受教育的人所必须通晓的。若还不能通晓,就可以说不懂文言,吃亏自不必说。——以上是对于两个目标的说明。

　　前面说过把相关的各章作一次读的话。所谓相关的各章,就是各章同属于某一个题目的意思。题目由读者的观点而定;对于《孟子》的二百几十章,可取的观点无数,所以题目也无数,各章的组合方式也无数。现在只能举一个例子来说。孟子对于修养,根本见解在扩充"四端",其扩充的条目怎样呢?这便是一个观点,一个题目。假如择定了这个题目,至少得把以下各章排比起来读。《公孙丑上》"人皆有不忍人之心"章说明人皆有"四端",《告子上》"告子曰性无善无不善也"章也说明人皆有"四端";前章以"苟能充之,足以保四海,苟不充之,不足以事父母"作结,仅说及能否扩充的后果;

孟子

后章却有"弗思耳矣"与"求则得之,舍则失之"的话,见得那些不能扩充的人,其病在于"弗思"。能思便能扩充,《告子上》"公都子问曰"章即说明此意。那章里说:"耳目之官不思而蔽于物,物交物,则引之而已矣。心之官则思,思则得之,不思则不得也。"人有与禽兽同具的"耳目之官",又特别有禽兽所不具的能思的"心之官";"心之官"当其职而能思,"耳目之官"就不为外物所蔽,善端自能尽量扩充了。因此,讲求扩充,从消极方面说,必须寡欲,必须求放心。前一层意思见《尽心下》"养心莫善于寡欲"章,后一层意思见《告子上》"仁人心也"章。从积极方面说,必须慎于择术,存心为仁;这可看《公孙丑上》"矢人岂不仁于函人哉"章。必须把"有所不忍"、"有所不为"的心推广开来,遍及于"所忍"、"所为";这可看《尽心下》"人皆有所不忍"章。必须在伦常之间实践,使善端自然扩充,各方面都无欠缺;这可看《离娄上》"仁之实事亲是也"章。必须在实践上辨别人的"所欲"、"所恶"到底是什么,抱持着"舍生而取义"的精神;这可看《告子上》"鱼我所欲也"章。而《万章下》"一乡之善士"章所说的"尚友"古人,《公孙丑上》"子路人告之以有过则喜"章所说的"与人为善",也是讲求扩充的人应有的事儿。在扩充的过程中,要在"自得",才可以"取之左右逢其源";这可看《离娄下》"君子深造之以道"章。又要在继续不间断,才可以积久而成熟;这可看《尽心下》"孟子谓高子曰"章。扩充而不得所欲,譬如我爱人而人不爱我,我敬人而人不敬我,那不必怨人,只当向自己方面加功,"反求诸己";《公孙丑上》"矢人岂不仁于函人哉"章,《离娄上》"爱人不亲反其仁"章,《离娄下》"君子所以异于人者"章,都说到这层意思。"反身而诚",如《离娄上》"居下位而不获于上"章所说,"至诚而不动者,未之有也"。到得这个地步,便如《滕文公下》"公孙衍张仪岂不诚大丈夫哉"章与《尽心上》"孟子谓宋句践曰"章所说,无论"达"或"穷","得志"或"不得志",总之无往而不善;又如《尽心上》"万物

33

皆备于我矣"章所说,人生的"乐莫大焉"。——与前面所举的题目有关的,除了这里所指出的各章,当然还有;这里只是个简约的组合罢了。这样把若干章贯串起来读,比较单读一章易于了悟,且也富有趣味。贯穿起来必须有一条线索,那线索便是读者的理解力,理解若不透切,贯穿起来就将流于穿凿,那非但不能增进了悟,反而把自己搅糊涂了。因此,读的时候该分两个步骤:每章仔细体会,理解它的要旨,是前一个步骤;然后把相关各章贯穿起来,看出它们彼此照应、互相发明之点,是后一个步骤。古典原不妨阅读一辈子;现在阅读《孟子》,取两个步骤,实在不是徒劳无益之举。

四

　　前面说过,《孟子》书是铺排的记言体,其中更有设寓的记言。所谓铺排,就是说得畅达详尽;惟恐对方不感动,不了解,不相信,故用畅达详尽来取胜。这在较长的各章都可以看出。其所用方法,一种是逐层疏解。如《梁惠王上》"孟子见梁惠王"章中"万乘之国弑其君者"、"不夺不餍"若干语,只是上文"上下交征利而国危矣"的意思,不过说得更明白一点。又如《告子下》"五霸者三王之罪人也"章开首提出"五霸者,三王之罪人也;今之诸侯,五霸之罪人也;今之大夫,今之诸侯之罪人也"三个判断,以下便逐一说明,说明完毕而文字也完毕。又如《滕文公上》"有为神农之言者许行"章说"或劳心,或劳力;劳心者治人,劳力者治于人"便接上"当尧之时……"一段,这不过是"岂无所用其心哉? 亦不用于耕耳"的实例,为上文"劳心者治人"的解释;以下说了陈相倍他的师,便接上"昔者孔子没有……"一段,这不过说倍师是要不得的,借以衬托出陈相的荒唐。

　　第二种方法是不惮反覆——说了正面,再说反面;说了反面,又回到正

面。如《梁惠王下》"庄暴见孟子"章曰论乐，"今王鼓乐于此……"，"今王田猎于此……"，先从"不与民同乐"的方面说；接着反过来，"今王鼓乐于此……"，"今王田猎于此……"，又从"与民同乐"的方面说。又如《公孙丑上》"仁则荣"章先提出"仁则荣，不仁则辱"的原则，以下"今恶辱而居不仁"与原则不相应，是反面；"如恶之，莫如……"才与原则相应，是正面；可是"今国家闲暇……"，又说到反面去了。

第三种方法是多用排语。如《梁惠王上》"齐桓晋文之事"章的"为肥甘不足于口与？轻暖不足于体与？抑为采色不足视于目与？声音不足听于耳与？便嬖不足使令于前与？"列举种种嗜欲。又如《梁惠王下》"所谓故国者"章从"左右皆曰贤"到"然后杀之"，语作三排，其意无非说任贤诛罪，一切得从民意。又如《公孙丑上》"人皆有不忍人之心"章从"无恻隐之心，非人也"到"无是非之心，非人也"，从"恻隐之心，仁之端也"到"是非之心，智之端也"；书中说及仁义礼智的地方，往往作排语，不可尽举。

第四种方法是插入譬喻——用具体的事例来显明抽象的理论。如《梁惠王上》"齐桓晋文之事"章的"缘木而求鱼"，《梁惠王下》"为巨室"章的"教玉人雕琢玉"，《公孙丑上》"仁则荣"章的"恶湿而居下"，《滕文公上》"滕定公薨"章的"君子之德，风也；小人之德，草也"，都是单纯的譬喻。又如《梁惠王上》"寡人之于国也"章以战喻为政，同篇"齐桓晋文之事"章以力举百钧，明察秋毫喻仁心足以王天下，《公孙丑下》"孟子平陆"章以受人之牛羊喻牧民，《滕文公下》"戴盈之曰"章以攘鸡喻关市之征，都用譬喻来启发对方，使对方自然领悟，不得不首肯作者所持的理论。

第五种方法是重言申明。如《梁惠王上》"王曰叟"章的答语，开头说"何必曰利"，结尾又说"何必曰利"。《滕文公下》"外人皆称夫子好辩"章的答语，开头说"予岂好辩哉？予不得已也"，结尾又说"予岂好辩哉？予不得

已也"。

应用以上五种方法,文字自然见得畅达详尽,与日常谈话差不多了。现在,一个善于谈话的人的言辞,或一个善于演说的人的讲辞,听者觉得畅达详尽;如果留意一下,便知道多少与这里所说的五种方法有关。至于所谓设寓,与上面所举譬喻例子两类之中的后一类相近;但并不明白表示说的是譬喻,仿佛那故事真有似的;这便是寓言。《公孙丑上》"夫子加齐之卿相"章的"宋人揠苗",《离娄下》"齐人有一妻一妾"章的"齐人乞墦",都是例子。说了宋人揠苗的故事,以下便说"助长"无益而有害;说了齐人乞墦的故事,以下便说求富贵利达而不以其道的可羞。这样把设寓的意思点明,是寓言的原始的形式。

《孟子》文字倾向于铺排,而其书是记言体,可见孟子当时的说话本来就那么铺排。这是时代的影响。那时候游说之风大盛,游士立谈可以取卿相,全靠辩论的技术,畅达详尽,说得人动听。孟子虽自视甚高,不屑将自己排在游士的队伍里;可是他要"正人心,息邪说,距诐行,放淫辞"(《滕文公下》"外人皆称夫子好辩"章),就不得不与游士一样,利用辩论的技术;一利用,自然走入铺排一路了。他说:"予岂好辩哉?予不得已也。"可见他自己也承认,他的说辞与游士的辩是相仿的;不过游士的辩为的富贵利达,他的辩为的"不得已",是二者的分别。大概辩论不会十分浑厚,多少要露点儿锋芒。朱熹《孟子集注》卷首的孟子序说里,记着程子的话说:"孟子有些英气;才有英气、便有圭角;英气甚害事。如颜子便浑厚不同。"这是在修养的造诣上所下的批评。现在不比较二人修养的造诣,单说《孟子》的文字,其英气是极易感觉到的。英气何从而来:就在于孟子好辩,具有游士的舌锋。

就学习语文的观点说,畅达详尽的具有英气的文字,与简约浑厚的文字,虽不能说二者有优劣之判,入手却有难易之不同,读了见效,也有迟速的分别。这就是说,前一类文字,阅读比较容易;要增进语文方面的素养,也以阅读前一类文字比较方便。现在读《孟子》,如果不是敷衍塞责的读,而是认认真真的读,其效果至少可以使思路开展,言辞顺适,没有枯窘、梗阻的毛病。尤其因为《孟子》文字与现在人说话相近,如果翻译为白话,大都与口头的白话差得不远,所以易于得到上述的效果。最好能够熟读,不去强记,而自然背诵得出。通体熟读也许不容易办到,选定其中较长的若干章,把它熟读,却是必要的。

《孟子》文字虽说与现在人说话相近,却也有些字句是后来文言中所不常用的。如"愿比死者一洒之"(《梁惠王上》"晋国天下莫强焉"章)的"比"字,作"为"字、"代"字解;"君为来见也"(《梁惠王下》"鲁平公将出"章)的"为"字,作"将"字解;"夫子加齐之卿相"(《公孙丑上》"夫子加齐之卿相"章)的"加"字,作"居"字解;这些都不可滑过,致文义含糊;若仔细看注释,体会语意,自也不致含糊。又如"则苗浡然兴之矣"(《梁惠王上》"孟子见梁襄王"章)的"之"字,不作代名词用而与助词"焉"字相当;"吾不惴焉"(《公孙丑上》"夫子加齐之卿相"章)的"焉"字,不作表决定的助词用而与表反诘的助词"乎"字相当;"舍皆取诸其宫中而用之"(《滕文公上》"有为神农之言者许行"章)的"舍"字,作"止"作"不肯"解都很牵强,而作"任何"作"什么"解,同于现在的"啥"字(见《责善》半月刊第一卷第十一期,李行之《孟子书中之方俗语》),便非常顺适;这些也须仔细揣摩,才能得其神情。又如"苗则槁矣"(《公孙丑上》"夫子加齐之卿相"章),用现在的话说,就是"苗可枯了"或"苗却枯了";"木若以美然"(《公孙丑下》"孟子为卿于齐"章),用现在的话说,就是"棺木仿佛太好了一点似的";"人之有道也"(《滕文公上》"其为神农之言者许行"章)同于"人之为道也",用现在的话说,就是"人的情形是这样的";这样用贴切的今语来理解,便见得较生的句式都是生动有致的了。

　　杨树达《高等国文法》的总论里说:"从孔子到孟子的二百年中间,文法的变迁已就很明显了。孔子称他弟子为'尔'、'汝',孟子便称'子'了。孔子时代用'斯',孟子时代便不用了。《阳货》称孔子用'尔',子夏曾子相称亦用'尔'、'汝',孟子要人'充无受尔汝之实'(《尽心下》"人皆有所不忍"章),可见那时的'尔'、'汝'已变成轻贱的称呼了。"这是读孟子书注意到文法方面的例子。又如称名,《论语》中无论他称自称,往往于单名之下加个助词"也"字,以表提示,"回也"、"赐也"、"由也"、"雍也",不一而足;《孟子》中却极为少见,仅有"求也为季氏宰"(《离娄上》"求也为季氏宰"章)、"轲也请无问其详"(《告子下》"宋牼将之楚"章)等几处。在对话里,自称名字的有"克告于君"(《梁惠王下》"鲁平公将出"章)、"丑见王之敬子也"(《公孙丑下》"孟子将朝王"章)、"比非距心之所得为也"(同篇"孟子之平陆"章)、"前日虞闻诸夫子曰"(同篇"充虞路问曰"章)、"丹之治水也愈于禹"(《告子下》"丹之治水也愈于禹"章)等例子;可是称呼对手,便用代名词"子"字而不直呼其名。这可以看出语气与称谓的变迁。又如"然"字、"如"字,同样可以作形容词副词的语尾,但论语以用"如"字为多,孟子以用"然"字为多。《论语》中这种用法的"如"字,最多见于《乡党》篇,他如"翕如也……纯如也,皦如也,绎如也"(《八佾》篇)、"申申如也,夭夭如也"(《述而》篇)、"訚訚如也……行行如也……侃侃如也"(《先进》篇)都是。用"然"字的,只有"斐然成章"(《公冶长》篇)、"颜渊喟然叹曰"(《子罕》篇)、"硁硁然小人哉"(《子路》篇)等少数几处。《孟子》中这种用法的"然"字,如"填然鼓之"(《梁惠王上》"寡人之于国也"章),"天油然作云,沛然下雨,则苗浡然兴之矣"(同篇"孟子见梁襄王"章),"举欣欣然有喜色而相告曰"(《梁惠王下》"庄暴见孟子曰"章),"岂不绰绰然有馀裕哉"(《公孙丑下》"孟子谓蚔鼃曰"章),"予然后浩然有归志"、"悻悻然见于其面"(同篇"孟子去齐尹士语人

孟子

曰"章)，"使民盻盻然终岁勤动"(《滕文公上》"滕文公问为国"章)，"何为纷纷然与百工交易"(同篇"有为神农之言者许行"章)，"夷子怃然为间曰"(同篇"墨者夷之"章)，"如其自视欿然"(《尽心上》"附之以韩魏之家"章)都是。用"如"字的，只有"则皇皇如也"(《滕文公下》"周霄问曰"章)、"欢虞如也……皞皞如也"(《尽心上》"霸者之民"章)等少数几处。两书用这两个字，规律实相一致，就是：在语中用"然"，在语末用"如"，又加上个助词"也"字。但从多用少用上，也就可以看出孟子时代的语言习惯与孔子时代不尽相同了。以上不过略发其凡。诸同学如能自定观点，将《孟子》书作文法方面的研究，是很有意思的事儿；而且可研究处不会嫌少的。

顾炎武《日知录》(卷十九)里说：

时子因陈子而以告孟子，陈子以时子之言告孟子。(《公孙丑下》"孟子致为臣而归"章)此不须重见而意已明。

齐人有一妻一妾而处室者，其良人出，则必餍酒肉而后反。其妻问所与饮食者，则尽富贵也。其妻告其妾曰："良人出，则必餍酒肉而后反。问其与饮食者，尽富贵也。而未尝有显者来。吾将瞯良人之所之也。"(《离娄下》"齐人有一妻一妾"章)

有馈生鱼于郑子产，子产使校人畜之池。校人烹之，反命曰："始舍之，圉圉焉；少则洋洋焉，攸然而逝。"子产曰："得其所哉！得其所哉！"校人出，曰："孰谓子产智！予既烹而食之，曰：'得其所哉！得其所哉！'"(《万章上》"诗云娶妻如之何"章)此必须重叠而情事乃尽。此孟子文章之妙。

这是读《孟子》书注意到文字技巧方面的例子。

又如"杀人以梃与刃,有以异乎? ……以刃与政,有以异乎?"(《梁惠王上》"寡人愿安承教"章),"王之臣有托其妻子于其友,而之楚游者,比其反也,则冻馁其妻子,则如之何? ……士师不能治士,则如之何? ……四境之内不治,则如之何?"(《梁惠王下》"王之臣"章),都是远远引起,渐入题旨,对方感愧而无所逃遁。又如"伊尹以割烹要汤"章(《万章上》)描写伊尹对于出处的心理,"伯夷目不视恶色"章(《万章下》)描写伯夷、伊尹、柳下惠、孔子四人各不相同的品格,都有抓住要点、传神阿堵的好处。诸同学如能按此类推,也将会有不少的心得。

史
记
菁
华
录
*

一

　　读《史记菁华录》，不可不知道《史记》的大概。
《史记》的作者司马迁的传叙，有《史记》的末篇《自
序》。那篇历叙他的家世，传述他父亲的学术见解和著
述志愿，又记载他自己的游览各地和继承先志，然后说
到《史记》的编例和内容。《汉书》里的《司马迁传》，就
直抄那篇的原文，不过加入了"迁报任安"的一封书信

　　＊本篇前半谈《史记》的部分，有许多意见是从朱东润先生的《史
记讲录》(武汉大学讲义)和《传叙文学与史传之别》(《星期评论》第三十
一期)采来的。不敢掠美，特此声明。

罢了。现在为便利读者起见,作司马迁传略如下:

　　司马迁,字子长,生于龙门(龙门是山名,在今山西省河津县西北,陕西省韩城县东北,分跨黄河两岸,形如门阙)。他的生年有两说:一说是汉景帝中元五年(公元前145年),一说是汉武帝建元六年(公元前135年),相差十年;据近人考证,前一说为是。他的父亲谈,于各派学术无所不窥,当武帝建元元封之间,为太史令。谈死于元封初年(元封元年当公元前110年),迁即继职为太史令。因此,《史记》中称父亲,称自己,都作"太史公"(《天官书》里有"太史公推古天变"一说,《封禅书》里有"有司与太史公祠官宽舒议"、"太史公祠官宽舒等曰"两语,其中的"太史公",和《自序》前篇用了六次的"太史公",都是称父亲;各篇后面"赞"的开头"太史公曰"的"太史公",都是称自己。官是太史令,为什么称"太史公"呢?关于此点,解释很多。有的说,"太史公"是官名,其位极尊;驳者却说,《汉书·百官公卿表》中并没有这个官。有的说,称"令"为"公",同于邑令称"公";驳者却说,这是僭称,用来称呼别人犹可,哪里有用来自称的?有的说,迁尊其父,故称为"公";驳者却说,明明自称的地方也作"公",为什么对自己也要"尊"?有的说,尊父为"公",是迁的原文,尊迁为"公",是后人所改;驳者却说,后人这一改似乎有点愚。有的说,这个"公"字并没有特别表示尊重的意思,只如古代著书,自称为"子"或"君子"而已;此说用来解释称父和自称,都比较圆通,但得其真际与否,还是不可知)。迁在青年时期出去游览,《自序》里说:

　　　　二十而南游江淮,上会稽,探禹穴,窥九疑,浮于沅湘,北涉汶泗,讲业齐鲁之都,观孔子之遗风,乡射邹峄,厄困鄱薛彭城,过梁楚以归。

黄河、长江流域的大部分,他都到过。回来之后,做"郎中"的官。元封元年,

"奉使西征巴蜀以南,南略邛笮昆明",便又游览了西南地方。及继任了太史令,于太初元年(公元前 104 年)开始他的著作。《自序》里说:

> 余尝掌其官,废明圣盛德不载,灭功臣世家贤大夫之业不述,堕先人所言,罪莫大焉。……于是论次其文。

可见他从事著作为的是继承先志。"论次其文"是就旧闻旧文加以整理编排的意思;他既受了父亲的熏陶,又读遍了皇室的藏书,观察了各地的山川风俗,接触了在朝在野的许多人物,自然能够取精用宏、肆应不穷。天汉二年(公元前 99 年),李陵与匈奴战,矢尽力竭,便投降了匈奴。消息传来,一班朝臣都说陵罪很重;武帝问到迁,迁独替李陵辩白。他说:

> 陵事亲孝,与士信,常奋不顾身,以殉国家之急,其素所畜积也;有国士之风。今举事一不幸,全驱保妻子之臣,随而媒糵其短,诚可痛也!且陵提步卒不满五千,深轹戎马之地,抑数万之师,虏救死扶伤不暇,悉举引弓之民,共攻围之;转斗千里,矢尽道穷,士张空卷,冒白刃,北首争死敌。得人之死力,虽古名将不过也,身虽陷败,然其所摧败,亦足暴于天下。彼之不死,宜欲得当以报汉也。(见《汉书·李陵传》,《报任安书》中也提到这一层,大致相同)

这是说李陵人品既好,将才又出众,战败是不得已,投降是有所待。武帝以为迁诬罔,意在诽谤贰师将军李广利(那一次打匈奴,李广利将三万骑,为主力军,但没有与单于大军相遇,因此少有功劳),并替李陵说好话;便治他的罪,处以最残酷的腐刑(割去生殖器)。这不但残伤了他的身体,同时也打击

了他的精神;《报任安书》中说:

> 祸莫憯于欲利,悲莫痛于伤心,行莫丑于辱先,而诟莫大于宫刑。
> 刑馀之人,无所比数,非一世也,所从来远矣。昔卫灵公与雍渠载,孔子
> 适陈;商鞅因景监见,赵良寒心;同子参乘,爰丝变色。自古而耻之。夫
> 中材之人,事关于宦竖,莫不伤气,况慷慨之士乎!

从这些话,可知他的羞愤和伤心达到了何等程度。受刑之后不久,他又做
"中书令"的官。对于著作事业,还是继续努力;《报任安书》中有"所以隐忍
苟活,幽粪土之中而不辞者,恨私心有所不尽,鄙没世而文采不表于后也。
古者富贵而名摩灭,不可胜记,唯俶傥非常之人称焉。盖西伯拘而演周易;
仲尼厄而作春秋;屈原放逐,乃赋离骚;左丘失明,厥有国语;孙子膑脚,兵法
修列;不韦迁蜀,世传吕览;韩非囚秦,说难孤愤;诗三百篇,大底贤圣发愤之
所为作也:此人皆意有所郁结,不得通其道,故述往事,思来者。及如左丘明
无目,孙子断足,终不可用,退论书策,以舒其愤,思垂空文以自见"的话,说
明了他在痛苦之中,希望立言传世,垂名于久远的心理。接着就说:

> 仆窃不逊,近自托于无能之辞,网罗天下放失旧闻。考之行事,稽
> 其成败兴坏之理,凡百三十篇;亦欲以究天人之际,通古今之变,成一家
> 之言。草创未就,适会此祸。惜其不成,是以就极刑而无愠色。

写这封书信的时候,既说了"近自托于无能之辞"的话,又有了"百三十篇"的
总数,他的初稿大概已经完成了。这封书信,据近人考证,作于征和二年(公
元前91年);其时迁从武帝幸甘泉。甘泉在今陕西省淳化县西北,距长安西

北二百里,所以书中说"会东从上来";次年正月武帝要幸雍,迁也将从行,所以书中说"仆又薄从上上雍,("薄"是"近"和"迫"的意思,也就是"立刻要")。如此说来,他的著作,从开始着手到初稿完成,共占了十几年的时间;一部开创的大著作,十几年的工夫自然是要的。他的死年不可知,大概在武帝末年或昭帝初年(武帝末年当公元前 87 年);年龄在六十岁左右。

二

司马迁所著的书,他自己并不称为"史记"。原来"史记"这个名词,在古代是记事之史的通称。这在司马迁书里,就有许多证据。如《周本纪》里说:"周太史伯阳读史记曰:'周亡矣!'"这"史记"指周室所藏的记事之史;《孔子世家》里说孔子"因史记,作春秋",《十二诸侯年表序》里说孔子"论史记旧闻,兴于鲁而次春秋",这"史记"指孔子所见的记事之史:《自序》里说:"诸侯相兼,史记放绝",《六国年表序》里说:"秦既得意,烧天下诗书,诸侯史记尤甚。"这"史记"指各国所有的记事之史;《天官书》里说:"余观史记考行事,百年之中,五星无出而不反逆行。"这"史记"指汉代的记事之史,从"百年之中"一语可以推知;《自序》里说"绌史记石室金匮之书",这"史记"兼指汉代、秦代秦国(秦记独存,见《六国年表序》),及残馀的各国的记事之史,这些都是他著书的参考资料。司马迁没有把"史记"这个通称作为自己的书的专名,也没有给自己的书取一个统摄全部的别的专名;他在《自序》里,只说"著十二本纪……作十表……作八书……作三十世家……作七十列传,凡百三十篇,五十二万六千五百字,为太史公书"而已。班固撰《汉书》,其《艺文志》承沿着刘歆的《七略》,称司马迁书为"太史公百三十篇",没有"书"字。他的父亲班彪论史家著述,将《太史公书》与《左氏》、《国语》、《世本》、《战国

策》、《楚汉春秋》并举(见《后汉书·班彪传》)。这可见在班氏父子当时,还没有把司马迁书称为"史记";但范晔《后汉书·班彪传》的叙述语中,却有"司马迁著《史记》"的话。据此推测,"史记"成为司马迁书的专名,该是起于班范之间,从后汉到晋宋的时代。

三

《史记》一百三十篇,就体例而言,分为五类,就是:"本纪"、"表"、"书"、"世家"、"列传"。"本纪"记载帝王的事迹,从五帝(黄帝、帝颛顼、帝喾、帝尧、帝舜)到汉武帝,有年的分年,没有年的分代。"表"编排各代的大事,年代已经不可考的作"世表",年代可考的作"年表",变化太剧烈的时候作"月表";并表列汉兴以来侯王的封立和将相的任免。"书"叙述文化的各部门,如礼节、历法、祭祀、水利、财政等,都分类历叙,使读者对于这些方面得到系统的知识。"世家"按国按家并按着年代世系,记载若干有重要事迹的封建侯王。体例和"本纪"相同,不过"本纪"记的是统治天下的人,"世家"记的是统治一个区域的人。有这一点分别而已。"列传"记载自古到汉或好或坏的重要人物,以及边疆内外的各国状态。这五类所包容,范围很广大,组织很完密;在汉朝当时,实在是一部空前的"中国通史"。自从有了《史记》,我国史书的规模就确定了,以后史家作史大多模仿它。现在所谓"二十四史",除了《史记》以外的二十三史,体例都与《史记》相同(不过"世家"一类,以后的史中没有了。"书"一类自从《汉书》改称了"志",便一直沿用下去,都称"志"而不称"书"。"表"和"志"并非各史都有,其没有这两类的,便只有"纪"和"传"了)。这种体例称为"纪传体",与另外两个重要史体"编年体"和"纪事本末体"相对待。

五类之中,"本纪"和"世家"两类都有几篇足以引起人疑问的,这里简略的说一说。先说"本纪"方面。秦自庄襄王以上,论地位还是诸侯,应该入"世家";迁却作了《秦本纪》,这是一点。项羽并没有得天下,成帝业;迁却作了《项羽本纪》,这是二点。惠帝作了七年的天子,迁不给他作"本纪",却作了《吕太后本纪》,这是三点。以上三点疑问,看了《自序》的话,都可以得到解答。《自序》里说:"略推三代,录秦汉,上记轩辕,下至于兹,著十二本纪,既科条之矣。""科条之"是科分条例,举其大纲的意思;换句话说,十二本纪是全书的纲领。既要"录秦汉",自不得不详及秦的先代。《秦本纪》里说:"秦之先伯翳,帝颛顼之苗裔。"《秦始皇本纪》赞里说:"秦之先伯翳,尝有勋于唐虞之际。"都是说秦的由来久远。《秦始皇本纪》赞里又说:"自缪公以来,稍蚕食诸侯,竟成始皇。"《自序》里说:"昭襄业帝,作秦本纪第五。"都是说秦的帝业的由来。况且诸侯史记大多散失,独有秦记保存着;要举纲领,自宜将秦列入"本纪"了。项羽自为西楚霸王,"霸"是"伯"的借字——"伯长"的意思,"霸王"便是诸侯之长。他实际上为诸侯之长,所以《项羽本纪》赞里说:"分裂天下而封王侯,政由羽出,号为霸王。"那自宜将他列入"本纪"了。惠帝当元年的时候,因为吕太后"断戚夫人(高祖的宠姬)手足,去眼煇耳,饮喑药,使居厕中,命曰'人彘'",便派人对太后说:"此非人所为。臣为太后子,终不能治天下。"迁既记载了这个话,下文又说:"孝惠以此日饮为淫乐,不听政。"在元年,惠帝便不听政了;惠帝即位以后,实际上纲纪天下的是吕太后。那自宜将她列入"本纪"了。再说"世家"方面。孔子并非侯王,应与老、庄、孟、荀同等,入"列传";迁却作了《孔子世家》,这是一点。陈涉起自群盗,自立为陈王,六月而死,以后就没有子孙传下去了,这与封建侯王的情形不同,也应入"列传";迁却作了《陈涉世家》,这是二点。《外戚世家》记载后妃,后妃与封建侯王更不相类,为什么要为她们作"世家"?这是三点。以上三点疑问,也可以从《自序》得到解答。《自序》里说:"二十八宿环北辰,三十辐共一毂,运行无穷,辅拂股肱之臣配焉,忠信行道,以奉主上,作三十世家。"这说明了"世家"所叙人物,都是对统治者尽了"辅拂(同"弼"字)股肱"的责任的。孔子不仕于周室,在周固非"辅拂股肱之臣";但在汉朝人观念中,孔子垂教乃是"为汉制作",他的功劳,实在当代功臣之上;《自序》里说:"为天下制仪法,垂六艺之统纪于后世。"便表示这个意思。那自宜将他列入"世家"了。汉室的兴起,由于天下豪杰群起反秦,而反秦的头一个,便是陈涉。《高祖本纪》里说:"陈胜等起蕲,至陈而王,号为'张楚',诸郡县皆多杀其长吏,以应陈涉。"高祖便是响应陈涉的一个。《陈涉世家》里说:"陈胜虽已死,其所置遣侯王将相竟亡秦,由涉首事也。"《自序》里说:"天下之乱,自涉发难。"可见陈涉对于汉室虽没有直接的功劳,间接的关系却非常重大,如果陈涉不发难,也许就没有汉室。那自宜将他列入"世家"了。至于后妃列入"世家",因为她们对于统治者辅弼之功独大;换句话说,她们影响统治者最为深切。《外戚世家》开头说:"自古受命帝王,及继体守文之君,非独内德茂也,盖亦有外戚之助焉。夏之兴也以涂山,而桀之放也以末喜;殷之兴也以有娀,纣之杀也嬖妲己;周之兴也以姜原及大任,而幽王之禽也淫于褒姒。"便说明这层意思。

五类之中,"列传"分量最多;体例并不一致,又可以分为三类,就是:"分传"、"合传"、"杂传"。"分传"是一篇叙一个人,如"孟尝君"、"信陵君"、"李斯"、"蒙恬"等传都是。"合传"是一篇叙两个人或两个人以上,或因事迹关联,不可分割,便叙在一起,如《廉颇蔺相如列传》是;或则时代虽隔,而精神相通,也便叙在一起,如《屈原贾生列传》是。"杂传"是把许多人,其学业或技艺或治术或行为相类的,按照先后叙在一篇里,计有《刺客》、《循吏》、《儒林》、《酷吏》、《游侠》、《佞幸》、《滑稽》、《日者》、《龟策》、《货殖》十篇,

合了《扁鹊仓公列传》(该是"医者列传",但迁并没有标明),共十一篇。

<h1 style="text-align:center">四</h1>

《史记》中"本纪"、"世家"、"列传"三类,都是叙述人物和他们的事迹的,那些篇章并不是独立的单位。一个人物的性行,一件事情的原委,往往散见在若干篇中,读者要参看了若干篇才可以得其全貌;这由于作者认一百三十篇是整部的书。他期望读者读的时候,不仅抽读一篇两篇,而能整部的读。其所以运用这样作法,有几层理由可以说的。

第一,一部《史记》包括若干人物的事迹,这若干人物的事迹,必然有若干共同的项目;若把每个人物的事迹,都叙述在关于其人的篇章里,必然有若干重复或雷同,就整部书看起来,便是浪费了许多可省的篇幅。所以作者把这些共同的事迹,叙述在关于主角的篇章里,同时连带叙及与此有关的其他人物;而在关于其他人物的篇章里,便节省笔墨,单说一句"见某篇"了事,有时连这一句也省去了。这叫做"互见",其主要目的在于避免重复。例如管仲、晏婴两人的重要事迹,都叙在《齐世家》里;于是在《管晏列传》里,对于管仲,便只叙他与鲍叔的交情和他的政治主张两点;对于晏婴,便只叙他事齐三世,与越石父交和荐其御者为大夫三点。大概还以为管晏的重要事迹,都与齐国关系极大,而管晏与齐国比较,自然齐国居于主位,所以叙在《齐世家》里。《齐世家》里既然叙了为避免重复起见,《管晏列传》里就不再叙了。若不明白这个"互见"的体例,单就《管晏列传》求知管晏,那是不会得其全貌的。

第二,"互见"的体例不只在避免重复,又常用来寄托作者对于历史人物的褒贬。作者认为某人物该褒,便在关于其人的篇章里,专叙其人的长处。

作者认为某人物该贬，便在关于其人的篇章里，专叙其人的短处。遇到该褒的人确有短处，无可讳言，该贬的人确有长处，不容不说的时候，便也用"互见"的办法，都给放到另外的篇章里去。例如《信陵君列传》，前面既说"诸侯以公子贤，多客，不敢加兵谋魏十馀年"；末后又说"秦闻公子死，使蒙骜攻魏，拔二十城。初置东郡，其后秦稍蚕食魏，十八岁而虏魏王，屠大梁"，隐隐表示信陵君的生死，影响到魏国的存亡。这由于迁对信陵君太倾倒了，任着感情写下去，以至"褒"得过了分寸。所以《魏世家》赞里又说："说者皆曰，魏以不用信陵君，故国削弱，余以为不然。"读者若单看《信陵君列传》而不注意《魏世家》赞里的话，对于迁的史识，就不免要发生误会。又如《信陵君列传》写信陵君的个性，先提明"公子为人仁而下士"，以下所叙许多故事，便集中在这一点；所以就文章论，这是一篇完整之作。但"仁而下士"只是信陵君个性的好的一方面；还有不甚高明的方面，却在另外的篇章里。《范雎传》里叙秦昭王要为范雎报仇，向赵国索取从魏国逃到平原君家里的魏齐；魏齐往见赵相虞卿，虞卿便解了相印，与魏齐同到大梁，欲见信陵君；信陵君犹豫不肯见，魏齐怒而自刭。虞卿可以丢了高官，陪着朋友亡命；信陵君与魏齐同宗，偏偏顾忌着秦国，拒而不见，无怪要引起侯嬴的讥刺了。同传里又叙秦昭王把平原君骗到秦国，软禁起来，向他要魏齐的头；平原君只说："贵而为友者为贱也，富而为交者为贫也。夫魏齐者，胜之友也，在固不出也，今又不在臣所。"平原君看重交情，表示得这么勇决，以与信陵君的顾忌犹豫相对比，更可见出信陵君的"仁"并非毫无问题。读者若单记着《信陵君列传》里的"仁而下士"，对于信陵君的个性，就只知识了一半。

第三，"互见"的体例，又常用来掩护作者，以免触犯忌讳。事实上是这样，而在作者所处的地位，却不容不说那样，否则便触犯忌讳；于是也用"互见"的办法，使读者参互求之，自得其真相。例如迁对于高祖、项羽两人，他的同情似乎完全在项羽方面，但他是汉朝的臣子，不容不称赞高祖，因此他写两人就运用"互见"的体例。大概从正面写时，高祖是一个长者，而项羽是一个暴君；从侧面写时，便恰正相反。《高祖本纪》开头说高祖"仁而爱人"，这是正面。在其他篇章里，便常有相反的记载。《张丞相列传》里记载周昌对高祖说"陛下即桀纣之主也"；《佞幸列传》里直说"高祖至暴抗也"；此外见于《张耳陈馀列传》、《魏豹彭越列传》、《淮阴侯列传》、《郦生陆贾列传》里的，不一而足。从这许多记载，读者可以见到高祖怎样的暴而无礼，恰正是"仁而爱人"的反面。《萧相国世家》里记载萧何请把上林中空地，让人民进来耕种，高祖大怒，教廷尉论萧何的罪，其后对萧何说："相国休矣！相国为民请苑，吾不许。我不过为桀纣主，而相国为贤相。吾故系相国，欲令百姓闻吾过也。""桀纣主"的话，高祖自己也说出来了，可见高祖连假装"仁而爱人"的心思也并不存的。《高祖本纪》里说："怀王诸老将皆曰：'项羽为人猾悍滑贼。'"这是正面。在其他篇章里，便也常有相反的记载。《陈丞相世家》里记载陈平对高祖说："项羽为人，恭敬爱人，士之廉节好礼者多归之。"《淮阴侯列传》里记载韩信对高祖："项羽见人，恭敬慈爱，言语呕呕，人有疾病，涕泣分食饮。"便在《高祖本纪》里，也还留着王陵的"项羽仁而爱人"一句话。陈平、韩信都是弃楚归汉的人，王陵的母亲在楚死于非命，他们三个人对于项羽，当然不会有过分的好评；把他们的话合起来看，项羽"恭敬爱人"该是真的，恰正是"僄悍猾贼"的反面。读者若不把各篇参看，对于高祖、项羽两人，就得不到真切的认识。

"互见"的体例具有避免重复、寄托褒贬、掩饰忌讳三种作用。《史记》是这样，以后仿模《史记》的许多史书也是这样。因此凡属"纪传体"的史书，必须统看全部，才会得到人物及其事迹的真相；倘若仅仅抽读一篇两篇，那所得的只是个朦胧而不切实的印象而已。所以，在欲知一点史实的人，"纪传体"的史书并非必读。现在有好些研究历史的人,给大学生作了"中国通史";给中学生读的"中国通史"似乎还没有,但编辑得完善一点的历史教本,也足够使中学生知道史实了。"纪传本"的史书,就其性质而言,还只是一种材料;把它参互比观、仔细钩稽,是史学专家和大学史学系学生的工作,仅仅欲知一点史实的人是不能而且也不必去做的。还有"纪传本"以人物为经,自不得不以纪事迹为纬,即使不嫌重复,想不用"互见"的体例,事实上也办不到。而在欲知史实的人,却是事迹重于人物。一件事迹往往延续到若干年,另外一种"编年体"为要编年,把整件事迹分隔开来,看起来也不方便。所以宋朝袁枢在"纪传体"和"编年体"之外,创立"纪事本末体"而作《通鉴纪事本末》。他把一件大事作题目,凡司马光《资治通鉴》中关于这件大事的记载,都抄来放在一起;这样,一件事迹便有头有尾,它的前因后果都容易看明白了。在旧式的史书中,"纪事本末体"比较适宜于一般欲知史实的人,这是应该知道的。

五

现在的《史记》并不是司马迁当时的原样,已经经过了许多人的增补和窜改。《汉书·司马迁传》载了《史记·自序》之文,接着说:"迁之自叙云尔,而十篇缺,有录无书。"这是说整篇的缺失,而古代简策,保存不易,零星的残逸,也是可以想见的事。修补《史记》的,以汉褚少孙为最早;又有冯商和孟柳,"俱待诏,颇序列传"(见《汉书·艺文志》颜师古注);东汉时有杨终,"受诏删太史公书为十馀万言"(见《后汉书·杨终传》);唐刘知几《史通》外篇《古今正史》中说《史记》之后,"豫向、向子歆,及诸好事者若冯商、卫衡、扬雄、史岑、梁审、肆仁、晋冯、段肃、金丹、冯衍、韦融、萧奋、刘恂等相

次撰续,迄于哀平,犹名《史记》"。这些增补删削的本子,与原书混和起来是很容易的,着手混和的人也不一定为着存心作伪。现在的《史记》,惟褚少孙的补作低一格刊刻,或更标明"褚先生曰",可以一望而知;此外的增补和窜改便不能辨别了。旧注中颇有辨伪的考证;历代就单篇零句加以考证的,多不胜举;清崔适作《史记探源》八卷,举出伪窜之处特别多,虽未必完全可靠,但一般批评都认为当得"精博"两字。

关于《史记》的注释,宋裴骃的《史记集解》,唐司马贞的《史记索隐》,唐张守节的《史记正义》,合称"三注",现在都附刊在《史记》里。《史记集解》的序文中说:"考较此书(指《史记》),文句不同,有多有少,莫辩其实。而世之惑者,定彼从此,是非相贸,真伪舛杂。故中散大夫东莞徐广,研核众本,为作《音义》,具列异同,兼述训解;粗有所发明,而殊恨省略。聊以愚管,增演徐氏,采经传百家并先儒之说,豫是有益,悉皆抄内,删其游辞,取其要实;或义在可疑,则数家兼列……号曰《集解》;未详则阙,弗敢臆说。"《史记索隐》的序文中说:"贞谀闻陋识,颇事钻研,而家传是书(指《史记》),不敢失坠。初欲改更舛错,裨补疏遗,义有未通,兼重注述。然以此书残缺虽多,实为古史,忽加穿凿,难允物情。今止探求异闻,采摭典故,解其所未解,申其所未申者,释文演注,又为述赞。凡三十卷,号曰《史记索隐》。"《史记正义》的序文中说:"守节涉学三十馀年,六籍九流,地里苍雅,锐心观采,评史汉,诠众训释而作正义。郡国城邑,委曲申明,古典幽微,窃探其美,索理允惬,次旧书之旨,音解兼注,引致旁通。凡成三十卷,名曰《史记正义》。"看了以上所引,约略可以知道"三注"的大概。若作《史记》的研究,单看"三注"是不够的;因为关于《史记》任何方面的考据,从唐以后还有很多,就是现在也常有人发表新见,必须搜罗在一起,互相比观,才谈得到研究。若并不作研究而仅仅是阅读,那不必全看"三注";也可以全不看,只要有一部较好的辞

书,如商务印书馆《辞源》或中华书局《辞海》,就可以解决大部分疑难了。

六

《史记》的大概既已说明,才可以谈到《史记菁华录》。

现在中学里自有历史课程,或用教本,或由教师编撰讲义,学生据以研修,便知道了从古到今的史实。《史记》不是仅仅欲知一点史实的人所宜,前面已经说过;若把它认为古史教本,给中学生研修,那在能力和时间上都超过了限度,无论如何是不应该的(事实上也没有一个中学把《史记》作为历史教本的)。但同样一部书,往往可以从不同的观点去看它。譬如《庄子》,就内容的观点说,是一部哲学书,但就写作技术的观点说,却是一部文学书;又如《水经注》,就内容的观点说,是一部地理书,但就写作技术的观点说,却是一部文学书。内容和写作技术当然不能划然分开——要了解内容必须明白它怎样表达,要理会写作技术必须明白它说些什么;但偏重一方面,在一方面多用些工夫,那是可以的。从哲学的观点读《庄子》,必须弄清楚庄子思想的整个系统,以及它与当时别派思想的异同,它给与后来思想界的影响等项;从地理的观点读《水经注》,必须弄清楚古今的变迁,广稽图籍,知道什么水道还是与古来一样,什么水道却不同了,又须辨别原著的是非,详加考证,知道某处记载确凿可靠,某处记载却是作者的疏失。但从文学的观点读这两部书,这些方面便不必过于精求,只须注重在词句的运用、篇章的安排,以及人情事态的描写等项就是了。《史记》也同上面所举两部书一样,就内容的观点说,是一部历史书;就写作技术的观点说,是一部文学书。认《史记》为历史而读它,固非中学生所能胜任;但认《史记》为文学而读它,对于中学生却未尝不相宜。《史记》的多数篇章,叙人叙事都是“文学的”,值得恒久的

玩味。二十四史中的各史，不一定全是文学，但《史记》无疑的是文学的名著。中学生读《史记》，目的并不在也能写出像《史记》一般的古文，而在借此训练欣赏文学的能力和写作记叙文的技术；换句话说，借此养成眼力和手法，以便运用到阅读和写作方面去，得到切实的受用。

中学生读文学名著，虽不宜贪多务博，广事涉猎；也不能抱定一书，不再他求。因此，对于每一部书，不能通读全部，只能节取其一部分；全部的分量往往太多了，非中学生的时力所能应付；所节取的一部分，当然是全书的精粹。教育部颁布的"中学国文课程标准"，在"实施方法概要"项的"教材标准"目下，初中的略读部分列着"有诠释之名著节本"一条，高中的略读部分列着"选读整部或选本之名著"一语，就是这个意思。现在提出的《史记菁华录》，就是一种"名著节本"或"选本之名著"。

七

《史记菁华录》是钱唐姚祖恩编的。他在卷首有一篇题辞，末书"康熙辛丑七夕后三日，苎田氏题"；卷尾又有一篇跋，末书"辛丑长至后三日阅讫题此"；据此可知他这部书的编成在清康熙六十年辛丑（公元 1721 年）。"苎田氏"是他的别号；幸而题辞后面有吴振棫的短跋："此本为吾乡姚公祖恩摘录，比携之入黔，中丞善化贺公见而善之，命校勘刊行，以惠学者。道光癸卯五月，钱唐吴振棫识。"才使我们知道编者的姓名和籍贯。但除此以外，我们对于姚祖恩便别无所知。"善化贺公"是贺长龄，曾做贵州巡抚。吴振棫曾做贵州布政使，此书原版就在任内刊刻，所以卷首书名旁边署着"藩宪吴开雕"五字。"癸卯"是道光二十三年（公元 1843 年），据此可知此书行世快满一百年。原版而外，各地刻本不少；最近在成都买到一部，是民国三年成都

文明阁刻的。自从西洋印刷术流传进来之后,又有些铅印石印的本子。你一定要在某家书铺子里买到一部,往往不能如愿;但如果随时留心的话,却很容易遇见此书,当然不限定哪一种本子。

姚祖恩自题两篇,就所记时日看,跋作在前。此跋说明他的编撰体例,现在全录于后:

《史记》一书,学者断不可不读,而亦至不易读者也。盖其文洸洋玮丽,无奇不备,汇先秦以上百家六艺之菁英,罗汉兴以来创制显庸之大略,莫不选言就班,青黄篆组,如游禁籞,如历钧天,如梦前生,如泛重溟;以故谫材谀学无有能阅之终数卷者。前哲虽有评林,要亦丹黄粗及,全豹不呈。不揣荒陋,特采录而详阅之,务使开卷犁然,皆可成诵,间加论断,必出心裁。密字蝇头,经涉寒暑,幸可成编,固足为雪案之快观也。若所删节者,刊本具存,岂妨翻读。世有三仓四库烂熟胸中之士,吾又安能限之哉?

这里说他所采选的,都可以认为完整的篇章;如要看删去的部分,自有整部的《史记》在那里。采选之外,他又自出心裁,加以评注。题辞一篇,说明他编撰此书的用意,现在摘录如下:

余少好龙门《史记》,循环咀讽,炙輠而味益深长。顾其夥颐奥衍,既不能束之巾笥;又往哲评林,迄无定本。尝欲抽挹菁华,批导窾郤,使其天工人巧,刻削呈露;俾士之欲漱芳润而倾沥液者,澜翻胸次,而龙门之精神眉宇,亦且郁勃翔舞于尺寸之际,良为快事矣。……古人比事属辞,事奇则文亦奇,事或纷糅,则文不能无冗蔓;故有精华结聚之处,即

不能无随事敷衍之处。掇其菁华而略其敷衍,而后知古人之作文甚苦,而我之读之者乃甚甘也。今夫龙门之文得于善游,夫人而能言之矣;则当其浮长淮,溯大江,极览夫惊沙逆澜,长风怒号,崩击而横飞者,吾于其书而掇取之;望云梦之泆溇,睹九嶷之芊绵,苍梧之野,巫山之阳,朝云夕烟,靡曼绰约,吾于其书而掇取之;临广武之墟,历鸿门之坂,访潜龙之巷陌,思霸主之雄图,鹰扬豹变,慷慨悲怀,吾于其文而掇取之;奉使巴岷,吊蚕丛鱼凫之疆,扪石栈天梯之险,萦纡晦窅,巉峭幽深,吾于其文而掇取之;适鲁登夫子之堂,抚琴书,亲杖履,雍容鱼雅,穆如清风,吾于其文而掇取之。若夫后胜未来,前奇已过,于其中间,历荒堤而经破驿,顽山钝水,非其兴会之所属,斯逸而勿登焉。读其文而可以知其游之道如彼,则文之道诚不得不如此也。……凡《史记》旧文几五十万言,今掇其五之一;评注皆断以鄙意,视他本为最评,约亦数万言。龙门善游,此亦如米海岳七十二芙蓉,研山几案间卧游之逸品也。因目之曰《史记菁华录》云。

这里说摘出一些部分,足以表现《史记》文字的"天工人巧"的,供学者研摩;又把游览比喻读书。游览可以挑选那最胜之处,"顽山钝水",便舍弃不顾;读书可以挑选那精粹之处,随事敷衍的笔墨,便也舍弃不顾:这是文章家的看法,把《史记》认为文学书,与史学家的看法全然不同。其中"事奇则文亦奇"的"奇"字,与跋中"无奇不备"的"奇"字,在评注中也常常用到,并不是"奇怪"或"新奇"的意思。大概"事奇"的"奇"字指其事可供描写而言,"文奇"的"奇"字指其文描写得出而言。但站在史学家的立场,不能专取那些可供描写的材料;一事的过场脉络,也不得不叙;趣味枯燥可是关系重要的事迹,也不得不记。这些材料,在文章家看来,便是不奇的事;写成文字,只是

寻常的记叙文,便是不奇的文了。

<h1 style="text-align:center">八</h1>

　　此书选录"本纪"三篇、"表序"三篇、"书"三篇、"世家"九篇、"列传"三十三篇,共五十一篇。各篇之中,并不都加删节,全录的有十六篇(《高祖功臣年表序》、《秦楚之际月表序》、《六国表序》、《萧相国世家》、《伯夷列传》、《司马穰苴列传》、《孟子荀卿列传》、《信陵君列传》、《季布栾布列传》、《张释之冯唐列传》、《魏其武安侯列传》、《李将军列传》、《汲郑列传》、《酷吏列传》、《游侠列传》、《滑稽列传》)。于"合传"中全录一人之传的也有五篇(于《老庄申韩列传》全录《老子传》,于《屈原贾生列传》全录《屈原传》,于《韩王信卢绾列传》全录《卢绾传》,于《郦生陆贾列传》全录《陆贾传》而《郦生传》有删节,于《扁鹊仓公列传》全录《扁鹊传》而《仓公传》有删节)。这些全录的,该是编者所认为完整的篇章,文学的佳作。从此又可推知,凡加以删节的,他必认为其中有"随事敷衍之处",非作者"兴会之所属"。如"本纪"一类,原是全书的纲领,从史学的观点看,是极关重要的;但作者写来,不能不平铺直叙,有如记账。所以十二"本纪"中,他只选了三篇,而且都加以删节。于《秦始皇本纪》,只取了"议帝号"、"制郡县"、"废诗书"三节;这三节主要部分是议论,阔大而简劲,其事对于后来又有极大关系,故而采选。于《项羽本纪》,删去的部分就没有《秦始皇本纪》那么多,约占全篇的三分之一,都是叙述当时一般的战争情势的。原来《项羽本纪》注重在描写项羽这个人物,在十二"本纪"中,是并不拘守体例的一篇;从文章家看来,描写项羽的部分都是好文章,叙述当时一般的战争情势的部分,虽是史学家所不容忽略,然而非作者"兴会之所属"了。于《高祖本纪》,只取了开头叙高祖微时的一节

史记菁华录

和高祖还沛酒酣作《大风歌》的一节；这两节都是描写高祖这个人物，采选的用意与《项羽本纪》相同。——其他各篇删节，大致都是如此。

编者用从前人评点的办法，把《史记》文字逐语圈断；认为颇关紧要或文章佳胜的处所，便在旁边加上连点或连圈。因为刊刻的不精审，就是原版也有很多地方把圈断的圈儿刻错了，其他翻刻排印的本子，也不能完全校正无误，其加上连圈的部分，把一段文字一直圈下去，圈断之处便无从辨别。因此，阅读此书的时候，先得自下一番工夫，详审文字的意义而加上句读，不能全靠圈断的圈儿。阅读古书，第一步原在明句读；句读弄清楚了，对于书中的意义才确切咬定，没有含糊。像此书似的单用一种圈儿作符号，语意未完的地方是圈儿，语意完足的地方也是圈儿，本来不很妥当。读者自己下一番工夫，在语意未完的地方用"读号"（"，"），在语意完足的地方才用"句号"（"。"），这是很有意思的一种练习，使你对于文中每一个字都不能滑过。至于文字旁边的连点和连圈，也可以不必重视；因为加上这种符号由于编者的主观，读者若能读得透澈，别有会心，也自有他的主观；而这两种主观，从读者方面说，以后者为要，前者只有拿来比照的用处罢了。

古人作文不分段，现在重印古书，往往给它分段。如果分得很精审的话，在读者自是极大便利。此书除了删去一段，下段另行开头以外，仍照原样不分段。因此，读者在断句之后，还得下一番分段的工夫。这番工夫也不是白用的，从这上边，你可以练习解析文章的手段。分段的时候，可以参考此书的注，因为注中有时提到关于段落的话。如《项羽本纪》，此书节录"初宋义所遇齐使者高陵君显在楚军"至"项羽由是始为诸侯上将军，诸侯皆属焉"为一段；但在其中"当阳君蒲将军皆属项羽"一句下注道："以上一大段，总写羽为上将军之案。"便可知此处是一段之末，以下"项羽已杀卿子冠军"可另作一段。又如同篇节录叙"鸿门之会"的文字为一段；但在其中"乃令张

良留谢"一语下注道:"张良留谢,自作一段读。"便可知此处是一段之始,该与上一语"于是遂去"划开。在注中没有提到的地方,就得自出心裁,把每一段都分得极精审。

九

编者所加评注,篇中篇末都有。在篇中的,有的写在文句之下,有的写在书页的上方,如所谓"眉批"。大致评注少数语句的,写在文句之下,评注较长的一节的,写在书页的上方;但这个区别并不严格,只能说是编者下笔时随便书写的结果。在篇末的,是对于本篇的评论;所选五十一篇的后面,并不是每篇都有,只有二十四篇有。我们既选读此书,对于这些评注,应当明白它的体例,辨别它的善否,选择它的善者而利用它。以下便就这方面说。

通常所谓"注",是解释字义句义,凡读者不易了悟之处,都把它申说明白;或考证故事成语,凡读者见得生疏之处,都把它指点清楚。这类的注,此书并不多,所以阅读的时候,案头应当备一部较好的辞书。但此书属于这类的注,大体都明白扼要,可以阅看。如《秦始皇本纪》,于"丞相绾、御史大夫劫、廷尉斯等"下注道:"秦初三公之职如此。"读者便知丞相、御史大夫、廷尉是秦的"三公",汉时"三公"是因袭秦制。又如《项羽本纪》,于"公将见武信君乎"下注道:"即项梁。"于"项王令壮士出挑战"下注道:"独骑相持,不用兵卒者,谓之挑战。"于赞语"何兴之暴也"上方注道:"暴字只是骤字义,言苟非神明之后,何德而致此骤兴也。"读者对于"武信君"、"挑战"和"暴"字,或将迷惑,看了注语,便明白了。又如《秦始皇本纪》,于"人善其所私学,以非上之所建立"下注道:"人各以其所私学者为善也,长句曲而劲。"《高祖本

纪》,于"高祖每酤,留饮酒,雠数倍"下注道:"始则索钱数倍常价,以其不琐琐较量也。"读者于此等语句或将不明其义,看了"人各以其所私学者为善",便明白什么是"人善其所私学",看了"索钱数倍常价",便明白什么是"雠数倍"。不过也偶尔有解释错的。如《项羽本纪》,于"马童面之,指王翳曰:'此项王也'"下注道:"回面向王翳也。"把"回面向"解释"面"字,把"之"认为称代王翳,都是显然的错误。这个"面"字向来认为用的反训,是"背向"的意思;又有人说是"偭"的借字。"偭"有"向"义,也有"背"义,《离骚》"偭规矩而改错"的"偭"字,便是"背"义。用代名词"之"字,所代的人或事物必然先见,没有先见了"之"字,然后提出它所代的人或事物的;现在说"回面向王翳",便是"之"字先见,王翳后出了。这个"之"字分明是称代上一句"项王身亦被十馀创……"的"项王";"面之"便是"背向项王"。

除了前一类的注以外,多数的评注可以分为两大类:一类是关于文章的,一类是关于事迹的。现在先说前一类。前一类中又可以分为几类。一类是说明文章的段落,前面已经提及,这里不再说了。又一类是说明文章的层次脉络。如《秦始皇本纪》,于"收天下兵,聚之咸阳,销以为钟鐻,金人十二,重各千石,置宫廷中"下注道:"一销兵。"于"一法度衡石丈尺,车同轨,书同文字"下注道:"二同律。"于"地东至海,暨朝鲜,西至临洮羌中,南至北向户,北据河为塞,并阴山,至辽东"下注道:"三舆地。"于"徙天下豪富于咸阳十二万户,诸庙及章台上林,皆在渭南"下注道:"四建京。"看了这四注,对于这节文字便有了统括的观念。又如《项羽本纪》,于"是时汉兵盛食多,项王兵罢食绝"下注道:"成败大关目,提出大有笔力。"于张良、陈平说汉王语中的"楚兵罢食尽"下又注:"再言之。"于"项王军壁垓下,兵少食尽"下又注道:"三言之。"其上方又注道:"'兵罢食尽'之语凡三提之,正与项王'天亡我'之言呼应;史公力为项王占地步,其不肯以成败论英雄如此,皆所谓'一

篇之中,三致意焉'者也。"这提醒了读者,由此可知屡叙兵罢食尽并不是无谓的赘笔。又如同篇,于"项王身亦被十馀创,顾见汉骑司马吕马童曰:'若非吾故人乎?'马童面之,指王翳曰:'此项王也。'项王乃曰:'吾闻汉购我头千金……'"的上方注道:"项王语本一片,中间别描吕马童数笔,此夹叙法。"看了此注,便知项王"吾闻汉购我头千金……"的语与"若非吾故人乎"的话原是径接的。知道径接,项王当时的心情声态更觉如在目前。又可以进而推求,为什么要把吕马童向王翳说的话插在中间?推求的结果,便知道移到后面去就安排不好,惟有插在中间,才表现出当时的生动的场面。这一类注都有用处,都该细看。

又一类是说明文章的作用。如《项羽本纪》,于"诸项氏枝属,汉王皆不诛,乃封项伯为射阳侯"下注道:"合叙中见轻重法。"读者便知特提项伯,其作用在显示他是有恩于汉王的人,下文桃侯、平皋侯、玄武侯三人都无甚关系,所以只以"皆项氏,赐姓刘氏"了之。又如《高祖本纪》,于"吕公大惊,起迎之门。吕公者,好相人"下注道:"史公每用夹注法,最奇妙。"于下文"见高祖状貌,因重敬之,引入坐"下又注道:"接上'迎之门'句。"读者便知"吕公者,好相人"的作用是插注,"引入坐"的作用是回接。又如《河渠书》,于"随山浚川,任土作贡,通九道,陂九泽,度九山,然河菑衍溢,害中国也尤甚"下注道:"忽宕一笔,是史公文至此方从洪水独抽出河来,以下皆言治河。"读者便知"然河菑衍溢,害中国也尤甚"的作用是从广泛的洪水转到单独的河害。这一类注也有用处,由此可以养成仔细阅读的习惯。

又一类是阐说文章的旨趣。如《项羽本纪》,于"梁父即楚将项燕,为秦将王翦所戮者也。项氏世世为楚将"的上方注道:"提出项燕王翦,以著秦项世仇,提出世为楚将,以著霸楚缘起。"又如同篇,于"项王渡淮,骑能属者百馀人耳"的上方注道:"以下皆子长极意摹神之笔,非他传可比。"又如《高祖

本纪》,于所选第一段的上方注道:"汉室定鼎,诛伐大事,皆详于诸功臣世家列传中,及《高祖本纪》,则多载其细微时事及他神异符验,所以其文繁而不杀,灵而不滞;叹后世撰实录者不敢复用此格,而因以竟可无传之文也。"又如《六国表序》,于"独有秦记"至"此与耳食无异,悲夫"的上方注道:"此段是正叙采秦记以著《六国年表》本意;然秦记卑陋,为世儒聚道,下段故特举'耳食'之弊,以见秦记之不可尽废也;文义始终照应,一丝不走。"

以上四例,从第一例,可知叙述项燕为王翦所戮和项氏世世为楚将,并非闲笔墨;从第二例,可以唤起阅读时的注意,于项王战败自刎一大段,细辨其"极意摹神"之处;从第三例,可知《高祖本纪》内容的大概,以及其何以略于"诛伐大事";从第四例,可知《六国表序》以"太史公读秦记"开头,以下以各国与秦并论,而侧重于秦,皆所以说明"因秦记"作表的旨趣。这一类注都于读者有帮助。

又一类是指出描写的妙笔。如《项羽本纪》,于"项伯……欲呼张良与俱去,曰:'毋从俱死也'"下注道:"十馀字耳,叙得情事俱尽,性情态色俱现,千古奇笔。"于"张良曰:'谁为大王为此计者'"下又注道:"从容得妙。"于"(沛公)曰:'鲰生说我曰'"下又注道:"急中骂语,皆极传神。"于"良曰:'料大王士卒,足以当项王乎'"下又注道:"偏从容。"于"沛公默然曰:'固不如也,且为之奈何'"下又注道:"又倔强,又急遽,传神之笔。"于"张良曰:'请往谓项伯,言沛公不敢背项王也'"下又注道:"到底从容,音节琅琅可听,只如此妙。"于这段文字的上方又注道:"以一笔夹写两人,一则窘迫绝人,一则从容自如,性情须眉,跃跃纸上。史公独绝之文,左国中无有此文字。"沛公与张良计议是史实,但这些注语并不论史实而论文章;从文章看,沛公的窘迫和张良的从容都表现了出来,而注语把表现了出来之处给点醒了。又如《高祖本纪》,于"吕后与两子居田中耨,有一老父过,请饮,吕后因餔之"下注道:

63

"看他连叙两个相人,无一笔犯复,古人不可及在此。"一个相人是吕公相高祖,一个相人是老父相吕后,孝惠和鲁元。于"相鲁元亦皆贵"下又注道:"相人凡换四样笔,乃至一字不相袭,与城北徐公语又大不同。"所谓四样笔,一是吕公相高祖,明说"臣少好相人,相人多矣,无如季相";二是老父相吕后,赞称"夫人天下贵人";三是老父相孝惠,说明"夫人所以贵者,乃此男也";四是老父相鲁元,不复记其言语,只叙道:"相鲁元亦皆贵。"这也是论文章,记叙同样的事实,而文章能变化,确然值得玩味。后一注中所称"城北徐公语",指《战国策·齐策》"邹忌修八尺有馀"一篇中的问答语而言。邹忌问其妻:"我孰与城北徐公美?"妻答道:"君美甚,徐公何能及君也!"又问其妾:"吾孰与徐公美?"妾答道:"徐公何能及君也!"又问其客:"吾与徐公孰美?"客答道:"徐公不若君之美也。"每次问答语都不相同,向来认为文章能变化的好例。但与《高祖本纪》写相人的这一节对比,便觉得《战国策》问答语的变化仅在字句之间了。又如《项羽本纪》,"项王范增……乃阴谋曰:'巴蜀道险,秦之迁人皆居蜀。'乃曰:'巴蜀亦关中地也。'故立沛公为汉王,王巴蜀汉中"一节,于"巴蜀亦关中地也"下注道:"'乃阴谋曰'、'乃曰',一阴一阳,连缀而下,真绘水绘声手。"经这一点明,便知道两语一表私下的计议,一表公开的宣布,虽是简单的叙述,也具有描写的作用。又如《陈涉世家》,于"且日,卒中往往语,皆指目陈胜"下道:"画出情景。"经这一点明,便觉"指目陈胜"四字写出一个繁复而生动的场面,读者各自可以想象得之。又如《信陵君列传》,于"当是时,魏将相宾客满堂,待公子举酒,市人皆观公子执辔,从骑皆窃骂侯生"下注道:"方写市中公子侯生,忽从家内插一笔,从骑插一笔,市人插一笔,神妙之笔,当面飞来,又凭空抹倒。"经这一点明,便觉这几语看似突兀,而实则极入情理,以见所有的人都惊怪于公子的谦恭和侯生的骄蹇,于是"侯生视公子,色终不变"两语接上去,才格外的有力——因为看似

突兀,所以说"当面飞来",因为下文仍归到市中公子侯生,所以说"又凭空抹倒"。这一类注都足以启发读者,语句虽简短。有时又不免抽象一点,但读者据此推想开来,往往可以体会到描写的佳处。

十

以上所举几类的注,都是关于文章的。现在再说关于事迹的。这又可以分为几类。一类是批评事迹,与文章全无关系;但其语精警,于读者知人论世颇有帮助。如《项羽本纪》,于"樊哙带剑拥盾入项王军门"一节的上方批道:"樊哙谏还军霸上,及定天下后排闼问疾数语,俱有大臣作用。此段忠诚勇决,亦岂等闲可同。论世者宜分别观之。"编者恐读者但认樊哙为粗豪武夫,所以批注这一条,唤起读者的注意。沛公攻进了咸阳,艳羡秦宫的富有,意欲就此住下来;樊哙劝他还军霸上,他不听;张良说樊哙的话是忠言,他才听了:事见《留侯世家》(此书《留侯世家》没有选录这一节)。高祖在禁中卧病,不让群臣进见;樊哙排闼直入,一班大臣也就跟了进去,却见高祖枕着一个宦者躺在那里;哙等于是流涕进谏,有"陛下病甚,大臣震恐,不见臣等计事,顾独与一宦者绝乎!且陛下独不见赵高之事乎"的话,事见《樊郦滕灌列传》(此书没有选录下《樊郦滕灌列传》)。读者若细味本篇樊哙对项王说的一番话,再兼看那两篇,对于樊哙这个人物,印象自当不同。又如《廉颇蔺相如列传》,于相如送璧先归,庭对秦王一节的上方批道:"人臣谋国,只是致身二字看得明白,即智勇皆从此生,而天下无难处之事矣。玩相如'完璧归赵'一语,当奉使时,已自分璧完而身碎,璧归赵而身不与之俱归矣。此时只身庭见,若有丝毫冀幸之情,即一字说不出。看其侃侃数言,有伦有脊,故知其明于致身之义者也。"这里提出"致身"二字,解释相如智勇的由来,很有见地。又如《淮阴侯列传》，于诸将问韩信致胜之术，韩信答以"置之死地"一节的上方批道："岳忠武论兵曰：'运用之妙，存乎一心。'夫心之精微，口不能言也，况于书乎。汉王尝以十万之兵，夹睢水阵，为楚所蹙，睢水为之不流；此与'置之死地'者何异，而败衄至此。使泥韩信之言，其不至颠蹶舆尸，载胥及溺者几何矣。此总难为死守训诂者言也。"这一段以韩信背水阵与汉王夹睢水阵并论，两回战役情形相似，而一胜一败，可见致胜的因素绝不止一个；韩信据兵法说由于"置之死地"这不过许多因素中的一个而已；因此归结到韩信的话不可泥，自是颇为通达的议论。又如《李将军列传》，于文帝说李广"惜乎子不遇时，如令子当高帝时，万户侯岂足道哉"的上方批道："文帝'惜乎子不遇时'之言，非谓高帝时尚武而今偃武修文也。文帝时匈奴无岁不扰，岂得不倚重名将？帝意正以广才气跅弛，大有黥彭樊灌之风；当肇造区宇之时，大者王，小者侯，取之如探策矣。今天下已定，虽勒兵陷阵，要必束之于簿书文法之中；鳃鳃纪律，良非广之所堪也，故叹惜之。此实文帝有鉴别人才处；广之一生数奇，早为所决矣。"这一段发明文帝语意和李广所以一生数奇，都很精辟。

又一类也是批评事迹，也与文章全无关系，且所评只是编者一时的兴会，说不上知人论世。这一类评注对读者无甚益处，竟可不看；即使顺便看了，也无须加以仔细研求。如《项羽本纪》，于项羽拔剑斩会稽守头下批道："如此起局，自然只成群雄事业。"这似乎说项羽不能取天下，成帝业，乃由于他起局的不正，未免把历史大事看得太简单太机械了。于项王以马赐乌江亭长下批道："以马与长者，好处分。"于项王对吕马童说"若非吾故人乎"下又批道："寻一自刭好题目。"于项王"乃自刭而死"下又批道："以身与故人，又好处分。"这些都是在小节目上说巧话，颇像从前人批评小说的格调，对于读者实在没有什么启发。又如《绛侯周勃世家》，于文帝劳军细柳，"军士吏被甲锐兵刃彀弓弩持满"下批道："作临阵之态,岂非着意妆点,见才于人主乎?"于"天子先驱至,不得入"下又批道："若先驱得入,则不能令天子亲见军容矣,其理可知。"于"都尉曰:'将军令曰'"下又批道："极意作态。"于"于是上乃使使持节诏将军"下又批道："此亦天子之诏也,天子未至则不受,至则受之,为其整肃之已见也,倨甚。"于"壁门士吏谓从属车骑曰:'将军约,军中不得驱驰'"下又批道："乃至以约束吏者约束天子,倨甚。"于"将军亚夫持兵揖曰"下又批道："倨甚。"于这一节文字的上方又批道："细柳劳军,千古美谈。全谓亚夫之巧于自著其能,以邀主眷耳;行军之要,固不在此也。何者?当时遣三将军出屯备胡,既非临阵之时,则执兵介胄,传呼辟门,一何过倨。况军屯首重侦探,岂有天子劳军已历两塞,而亚夫尚未知之理? 乃至先驱既至,犹闭壁门,都尉申辞,令天子亦遵军令,不亦甚乎! 然其持重之体迥异他军,则锥处囊中,脱颖而出,亚夫之谋亦工矣。顾非文帝之贤,安能相赏于形迹之外哉?"这些评语以为亚夫有意做作,好像他预知文帝能够赏识他那一套似的,未免是存心挑剔。从前有一部分翻案的史论就属于这一类,都无关于史实的认识。

　　又一类是批评事迹,却与文章的了解或欣赏有关。这一类大致可看,看了之后,于事迹,于文章,都可有进一步的体会。如《项羽本纪》,于"籍曰:'彼可取而代也'"下批道："蛮得妙,与高祖语互看,两人大局已定于此。"《高祖本纪》,于"观秦皇帝,喟然太息曰:'嗟乎! 大丈夫当如此也'"下批道："与项羽语参看。""两人大局已定于此"的话虽浮游无根,但把两语参看,确可见刘、项微时,正具一般的雄心;而两语一表粗豪,一表阔大,也可从比较中见出。又如《项羽本纪》,于项王困于垓下,自为诗歌下批道："英雄气短,儿女情深,千古有心人莫不下涕。"《留侯世家》,于高祖欲立戚夫人子为太子,因张良计阻,不得如愿,"戚夫人泣,上曰:'为我楚舞,吾为若楚歌'"下批道:"项羽垓下事情,高祖此时却类之,英雄儿女之情,何必以成败异也,读之凄绝。"两事很相类,若取这两节文章对看,体会其文情,更吟味两人所为诗歌的感慨意绪,自比单看一节有趣得多。又如《魏其武安侯列传》,于篇首的上方批道:"叙魏其事,须看其段段与武安针锋相对,豫为占地步处。"又道:"田蚡借太后之势以得侯,魏其诎太后之私以去位,此一异也;田蚡贵幸,镇抚多宾客之谋,魏其赐环,投身赴国家之难,此二异也;田蚡居丞相之位,不肯诎于其兄,魏其受大将之权,必先进乎其友,此三异也;田蚡之狗马玩好,遍征郡国而未厌其心,魏其之赐金千斤,尽陈廊庑而不私于己,此四异也;魏其以强谏谢病,宾客语之莫来,田蚡以怙势见疏,人主麾之不去,此五异也;凡此之类,皆史公着意推毂魏其,以深致痛惜之情;而田蚡之不值一钱,亦俱于反照处见之矣。"这些评语把两人事迹扼要提示,同时指出作者的文心,使读者看下去,头绪很清楚,并能领会于叙述中见褒贬的笔法。但这一类中也有不足取的。如《留侯世家》,于"子房始所见下邳圯上父老与太公书者,后十三年,从高帝过济北,果见谷城山下黄石,取而葆祠之"的"子房始所见下邳圯上父老与太公书者"下批道:"好结穴,诸传所无。"他人并没有老人授书事,他人传中当然不会有此结笔;这不过是补叙馀事,回应前文而已,定要说是"诸传所无"的"好结穴",未免求之过深。又如《张仪列传》,于苏秦使舍人阴奉张仪,让他得见秦惠王,既已达到目的,舍人辞去;张仪留他,舍人说:"臣非知君,知君乃苏君;苏君忧秦伐赵败从约,以为非君莫能得秦柄,故感怒君"下批道:"此数语恐当日未必明明说出,若说出一毫无味矣。史公未检之笔也,不可不晓。"因其明说无味,便认为"未检之笔",这纯把作史看成作小说了。并且,不叙舍人说"苏君忧秦伐赵败从约",下文张仪"吾又新用,安能谋赵乎"的话又怎能着拍?所以这个评语乃是不中节的吹求。

此书所选《史记》文字,其中二十四篇的篇末,有编者的评论,都就全篇

而言。体例也不一律，或仅论事论人，或在论事论人之外兼论文章理法，或仅发表对于本篇的感想，现在各举一例。《商君列传》篇末评道：

> 商君变法一事，乃三代以下一大关键。由斯以后，先王之流风馀韵遂荡然一无可考。其罪固不可胜诛，然设身处地，以一羁旅之臣，岸然排父兄百官之议，任众怨，兼众劳，以卒成其破荒特创之功，非绝世之异才，不能为也。故吾以为古今言变法者数人：卫鞅，才子也；介甫，学究也；赵武灵王，雄主也；魏孝文帝，明辟也，其所见不同，而有定力则一。惟学究之害最深，以其执古方以杀人，而不知通其理也。

这一说商鞅废古，罪不可胜诛，王介甫行新法，是执古方以杀人，都是从前读书人的传统见解，无甚意思。但说商鞅变法是三代以下一大关键，却有识见。秦变法之后，立了许多新制度，后来传给汉，于是秦汉的局面与三代大不相同；岂不是一大关键？《秦楚之际月表序》篇末评道：

> 题曰"秦楚之际"，试问二世既亡，汉国未建，此时号令所出，非项羽而谁？又当山东蜂起，六国复立，武信初兴，沛公未兆，此时号令所出，非陈胜而谁？故不可言"秦"，不可言"楚"，谓之"际"者，凡以陈、项两雄也。表为两雄而作，却以记本朝创业之由，故首以三家并起，而言下轩轾自明。次引古反击一段，然后收归本朝，作赞叹不尽之语以结之。布局之工，未易测也。

这一段前半据史实发明立题的旨趣，后半就文章阐说全局的布置，都很精当，于读者颇有帮助。又如《信陵君列传》篇末评道：

略 读 指 导 举 隅

不知文者当谓无奇功伟烈，便不足垂之青简，照耀千秋。岂知文章予夺，都不关实事。此传以存赵起，抑秦终；然窃符救赵，本未交兵，即逐秦至关，亦只数言带叙，其馀摹情写景，按之无一端实事。乃千载读之，无不神情飞舞，推为绝世伟人。文章有神，夫岂细故哉！

这一段点明《信陵君列传》所以使人赞赏不已，不在信陵君的事功，而在文章描写的精妙，确是见到之言。

关于此书的评注，前面已经谈得很多。读者若能依据前面所分类目，逐一比附；取其精要的，特别加以体会，略其肤泛的，不再多费思索，便是善于利用此书了。当然，在编者的评注以外，读者自己若能有深入的心得，那是尤其可贵的。

唐诗三百首

一

有些人在生病的时候或烦恼的时候,拿过一本诗来翻读,偶尔也朗吟几首,便会觉得心上平静些,轻松些。这是一种消遣,但跟玩骨牌或纸牌等等不同,那些大概只是碰碰运气。跟读笔记一类书也不同,那些书可以给人新的知识和趣味,但不直接调平情感。读小说在这些时候大概只注意在故事上,直接调平情感的效用也不如诗。诗是抒情的,直接诉诸情感;又是节奏的,同时直接诉诸感觉;又是最经济的,语短而意长。具备这些条件,读了心上容易平静轻松,也是当然。自来说,诗可以陶冶性情,这句话不错。

但是诗绝不只是一种消遣,正如笔记一类书和小

说等不是的一样。诗调平情感，也就是节制情感。诗里的喜怒哀乐跟实生活里的喜怒哀乐不同，这是经过"再团再炼再调和"的。诗人正在喜怒哀乐的时候，决想不到作诗。必得等到他的情感平静了，他才会吟味那平静了的情感想到作诗，于是乎运思造句，作成他的诗，这才可以供欣赏。要不然，大笑狂号只教人心紧，有什么可欣赏的呢？读诗所欣赏的便是诗里所表现的那些平静了的情感，假如是好诗，说的即使怎样可气可哀，我们还是不厌百回读的。在实生活里便不然，可气可哀的事我们大概不愿重提。这似乎是有私、无私或有我无我的分别。诗里无我，实生活里有我。别的文学类型也都有这种情形，不过诗里更容易见出。读诗的人直接吟味那无我的情感，欣赏它的发而中节，自己也得到平静，而且也会渐渐知道节制自己的情感。一方面因为诗里的情感是无我的，欣赏起来得设身处地，替人着想。这也可以影响到性情上去。节制自己和替人着想这两种影响都可以说是人在模仿诗。诗可以陶冶性情，便是这个意思。所谓温柔敦厚的诗教，也只该是这个意思。

部定初中国文课程标准"目标"里有"养成欣赏文艺之兴趣"一项，略读教材里有"有注释之诗歌选本"一项。高中国文课程标准"目标"里又有"培养学生欣赏中国文学名著之能力"一项，关于略读教材也有"选读整部或选本之名著"的话。欣赏文艺，欣赏中国文学名著，都不能忽略读诗。读诗家专集不如读诗歌选本。读选本虽只能"尝鼎一脔"，却能将各家各派鸟瞰一番；这在中学生是最适宜的，也最需要的。有特殊的选本，有一般的选本。按着特殊的作派选的是前者，按着一般的品味选的是后者。中学生不用说该读后者。《唐诗三百首》正是一般的选本。这部诗选很著名，流行最广，从前是家弦户诵的书，现在也还是相当普遍的书。但这部选本并不成为古典，它跟《古文观止》一样，只是当年的童蒙书，等于现在的小学用书。不过在现

在的教育制度下,这部书给高中学生读才合适。无论它从前的地位如何,现在它却是高中学生最合式的一部诗歌选本。唐代是诗的时代,许多大诗家都在这时代出现,各种诗体也都在这时代发展。这部书选在清代中叶,入选的差不多都是经过一千多年淘汰的名作,差不多都是历代公认的好诗。虽然以明白易解为主,并限定诗篇的数目,规模不免狭窄些,却因此成为道地的一般的选本。高中学生读这部书,靠着注释的帮忙,可以吟味欣赏,收到陶冶性情的益处。

二

本书是清乾隆间一位别号"蘅塘退士"的人编选的。卷头有"题辞",末尾记着"时乾隆癸未年春日,蘅塘退士题"。乾隆癸未是公元 1763 年,到现在快一百八十年了。有一种刻本"题"字下押了一方印章,是"孙洙"两字,也许是选者的姓名。孙洙的事迹,因为眼前书少,还不能考出、印证。这件事只好暂时存疑。题辞说明编选的旨趣,很简短,抄在这里:

> 世俗儿童就学,即授《千家诗》,取其易于成诵,故流传不废。但其诗随手掇拾,工拙莫辨。且止五七律绝二体,而唐宋人又杂出其间,殊乖体制。因专就唐诗中脍炙人口之作,择其尤要者,每体得数十首,共三百馀首,录成一编,为家塾课本。俾童而习之,白首亦莫能废。较《千家诗》不远胜耶? 谚云:"熟读唐诗三百首,不会吟诗也会吟。"请以是编验之。

这里可见本书是断代的选本,所选的只是"唐诗中脍炙人口之作",就是唐诗中的名作。而又只"择其尤要者",所以只有三百馀首,实数是三百一十首。所谓"尤要者"大概着眼在陶冶性情上。至于以明白易解的为主,是"家塾课本"的当然,无须特别提及。本书是分体编的,所以说"每体得数十首"。引谚语一方面说明为什么只选三百馀首,但编者显然同时在模仿"三百篇"。《诗经》三百零五篇,连那有目无诗的六篇算上,共三百一十一篇;本书三百一十首,绝不是偶然巧合。编者是怕人笑他僭妄,所以不将这番意思说出。引谚语另一方面教人熟读,学会吟诗。我们现在也劝高中学生熟读,熟读才真是吟味,才能欣赏到精致处。但现在却无须再学作旧体诗了。

本书流传既广,版本极多。原书有注释和评点,该是出于编者之手。注释只注事,颇简当,但不释义。读诗首先得了解诗句的文义;不能了解文义,欣赏根本说不上。书中各诗虽然比较明白易懂,又有一些注,但在初学还不免困难。书中的评,在诗的行旁,多半指点作法,说明作意,偶然也品评工拙。点只有句圈和连圈,没有读点和密点——密点和连圈都表示好句和关键句,并用的时候,圈的比点的更重要或更好。评点大约起于南宋,向来认为有伤雅道,因为妨碍读者欣赏的自由,而且免不了成见或偏见。但是谨慎的评点对于初学也未尝没有用处。这种评点可以帮助初学了解诗中各句的意旨,并培养他们欣赏的能力。本书的评点似乎就有这样效用。

但是最需要的还是详细的注释。道光间,浙江省建德县(?)人章燮鉴于这个需要,便给本书作注,成《唐诗三百首注疏》一书。他的自跋作于道光甲午,就是公元 1834 年,离蘅塘退士题辞的那年是七十一年。这注本也是"为家塾子弟起见",很详细。有诗人小传,有事注,有义疏,并明作法,引评语。其中李白诗用王琦《李太白集注》,杜甫诗用仇兆鳌《杜诗详注》。原书的评也留着,但连圈没有——原刻本并句圈也没有。书中还增补了一些诗,却没有增选诗家。以注书的体例而论,这部书可以说是驳杂不纯,而且不免繁琐

疏漏傅会等毛病。书中有"子墨客卿"（名翰，姓不详）的校正语十来条，都确切可信。但在初学，却是一部有益的书。这部书我只见过两种刻本。一种是原刻本。另一种是坊刻本，四川常见。这种刻本有句圈，书眉增录各家评语，并附道光丁酉（1837）印行的江苏金坛于庆元的《续选唐诗三百首》。读唐诗三百首用这个本子最好。此外还有商务印书馆铅印本《唐诗三百首》，根据蘅塘退士的原本而未印评语。又，世界书局石印《新体广注唐诗三百首读本》，每诗后有"注释"和"作法"两项。"注释"注事比原书详细些；兼释字义，却间有误处。"作法"兼说明作意，还得要领。卷首有"学诗浅说"，大致简明可看。书中只绝句有连圈，别体只有句圈。绝句连圈处也跟原书不同，似乎是抄印时随手加上，不足凭信。

二

本书编配各体诗，计五言古诗三十三首。乐府七首，七言古诗二十八首。乐府十四首，五言律诗八十首，七言律诗五十首。乐府一首，五言绝句二十九首、乐府八首，七言绝句五十一首。乐府九首，共三百一十首。五言古诗和乐府，七言古诗和乐府，两项总数差不多。五言律诗的数目超出七言律诗和乐府很多；七言绝句和乐府却又超出五言绝句和乐府很多。这不是编者的偏好，是反映着唐代各体诗发展的情形。五言律诗和七言绝句作的多，可选的也就多。这一层下文还要讨论。五、七、古、律、绝的分别都在形式，乐府是题材和作风不同。乐府也等下文再论，先说五七古律绝的形式。这些又大别为两类：古体诗和近体诗。五七言古诗属于前者，五七言律绝属于后者。所谓形式，包括字数和声调（即节奏），律诗再加对偶一项。五言古诗全篇五言句，七言古诗或全篇七言句，或在七言句当中夹着一些长短句。

如李白《庐山谣》开端道:

> 我本楚狂人,凤歌笑孔丘。手持绿玉杖,朝别黄鹤楼。五岳寻仙不
> 辞远,一生好入名山游。

又如他的《宣州谢朓楼饯别校书叔云》开端道:

> 弃我去者,昨日之日不可留。乱我心者,今日之日多烦忧。长风万
> 里送秋雁,对此可以酣高楼。

这些都是七言古诗。五七古全篇没有一定的句数。古近体诗都得用韵,通常两句一韵,押在双句末字;有时也可以一句一韵,开端时便多如此。上面引的第一例里,"丘"、"楼"、"游"是韵,两句间见;第二例里,"留"和"忧"是逐句韵,"忧"和"楼"是隔句韵。古体诗的声调比较近乎语言之自然,七言更是如此,只以读来顺口听来顺耳为标准。但顺口顺耳跟着训练的不同而有等差,并不是一致的。

近体诗的声调却有一定的规律。五七言绝句还可以用古体诗的声调,律诗老得跟着规律走。规律的基础在字调的平仄;字调就是平上去入四声,上去入都是仄声。五七言律诗基本的平仄式之一如次:

五律

仄仄平平仄　平平仄仄平　平平平仄仄　仄仄仄平平

仄仄平平仄　平平仄仄平　平平平仄仄　仄仄仄平平

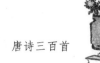

七律

平平仄仄仄平平　　仄仄平平仄仄平

仄仄平平平仄仄　　平平仄仄仄平平

平平仄仄平平仄　　仄仄平平仄仄平

仄仄平平平仄仄　　平平仄仄仄平平

三

　　即使不懂平仄的人也能看出律诗是两组重复、均齐的节奏所构成,每组里又自有对称、重复、变化的地方。节奏本是异中有同,同中有异,律诗的平仄式也不外这个理。即使不懂平仄的人只默诵或朗吟这两个平仄式,也会觉得顺口顺耳;但这种顺口顺耳是音乐性的,跟古体诗不同,正和语言跟音乐不同一样。律诗既有平仄式,就只能有八句,五律是四十字,七律是五十六字(排律不限句数,但本书里没有)。绝句的平仄式照律诗减半(七绝照七律的前四句),就是只有一组的节奏。这里所举的平仄式只是最基本的,其中有种种繁复的变化。懂得平仄的自然渐渐便会明白。不懂平仄的,只要多读、熟读、多朗吟,也能欣赏那些声调变化的好处。恰像听戏多的人不懂板眼也能分别唱的好坏,不过不大精确就是了。四声中国人人语言中有,但要辨别某字是某声,却得受过训练才成。从前的训练是对对子跟读四声表,都在幼小的时候。现在高中学生不能辨别四声也就是不懂平仄的,大概有十之八九。他们若愿意懂,不妨试读四声表。这只消从《康熙字典》卷首附载的《等韵切音指南》里选些容易读的四声如"巴把霸捌"、"庚梗更格"之类,得闲就练习,也许不难一旦豁然贯通(中华书局出版的《学诗入门》里有一个四声表,似乎还容易读出,也可用)。律诗还有一项规律,就是中四句得

两两对偶,这层也在下文论。

　　初学人读诗,往往给典故难住。他们一回两回不懂,便望而生畏,因畏生懒;这会断了他们到诗去的路。所以需要注释。但典故多半只是历史的比喻和神仙的比喻;用典故跟用比喻往往是一个理,并无深奥可畏之处。不过比喻多取材于眼前的事物,容易了解些罢了。广义的比喻连典故在内,是诗的主要的生命素;诗的含蓄、诗的多义、诗的暗示力,主要的建筑在广义的比喻上。那些取材于经验和常识的比喻(一般所谓比喻只指这些),可以称为事物的比喻,跟历史的比喻、神仙的比喻鼎足而三。这些比喻(广义,后同)都有三个成分:一、喻依,二、喻体,三、意旨。喻依是作比喻的材料,喻体是被比喻的材料,意旨是比喻的用意所在。先从事物的比喻说起。如"天边树若荠"(五古,孟浩然《秋登兰山寄张五》),荠是喻依;天边树是喻体;登山望远树,只如荠菜一般,只见树的小和山的高,是意旨。意旨却没有说出。又"今朝为此别,何处还相遇?世事波上舟,沿洄安得住"(五古,韦应物《初发扬子寄元大校书》),世事是喻体,沿洄不得住的波上舟是喻依,惜别难留是意旨——也没有明白说出。又"吴姬压酒劝客尝"(七古,李白《金陵酒肆留别》),当垆是喻体,压酒是喻依。压酒的"压"和所谓"压装"的"压"用法一样,压酒是使酒的分量加重,更值得"尽觞"(原诗,"欲行不行各尽觞")。吴姬当垆,助客酒兴是意旨。这里只说出喻依。又"辞严义密读难晓,字体不类隶与蝌。年深岂免有缺画?快剑斫断生蛟鼍。鸾翔凤翥众仙下,珊瑚碧树交枝柯。金绳铁索锁纽壮,古鼎跃水龙腾梭"(七古,韩愈《石鼓歌》),"快剑"以下五句都是描写石鼓的字体的。这又分两层。第一,专描写残缺的字。缺画是喻体,"快剑"句是喻依,缺画依然劲挺有生气是意旨。第二,描写字体的一般。字体便是喻体,"鸾翔"以下四句是五个喻依("古鼎跃水"跟"龙腾梭"各是一个喻依)。意旨依次是隽逸、典丽、坚壮、挺拔(末两

个喻依只一个意旨），都指字体而言，却都未说出。又"大弦嘈嘈如急雨，小
弦切切如私语；嘈嘈切切错杂弹，大珠小珠落玉盘。间关莺语花底滑，幽咽
泉流冰上难"（原作"水下滩"，依段玉裁说改——七古，白居易《琵琶行》），
这几句都描写琵琶的声音。大弦嘈嘈跟小弦切切各是喻体，急雨跟私语各
是喻依，意旨一个是高而急，一个是低而急。"嘈嘈"句又是喻体，"大珠"句
是喻依，圆润是意旨。"间关"二句各是一个喻依，喻体是琵琶的声音；前者
的意旨是明滑，后者是幽涩。头两层的意旨未说出，这一层喻体跟意旨都未
说出。事物的比喻虽然取材于经验和常识，却得新鲜，才能增强情感的力
量；这需要创造的工夫。新鲜还得入情入理，才能让读者消化，这需要雅正
的品味。

四

　　有时全诗是一套事物的比喻，或者一套事物的比喻渗透在全诗里。前
者如朱庆馀《近试上张水部》（七绝）：

　　　　洞房昨夜停红烛，待晓堂前拜舅姑。妆罢低声问夫婿，"画眉深浅
　　入时无？"

唐代士子应试，先将所作的诗文呈给在朝的知名人看。若得他赞许宣扬，登
科便不难。宋人诗话里说："庆馀遇水部郎中张籍，因索庆馀新旧篇什，寄之
怀袖而推赞之，遂登科。"这首诗大概就是呈献诗文时作的。全诗是新嫁娘
的话，她在拜舅姑以前问夫婿，画眉深浅合适否？这是喻依。喻体是近试献
诗文给人，朱庆馀是在应试以前问张籍，所作诗文合式否？新嫁娘问画眉深

浅,为的请夫婿指点,好让舅姑看得入眼。朱庆馀问诗文合式与否,为的请张籍指点,好让考官看得入眼。这是全诗的主旨。又,骆宾王《在狱咏蝉》(五律):

　　西陆蝉声唱,南冠客思深。不堪玄鬓影,来对白头吟。露重飞难进,风多响易沉。无人信高洁,谁为表予心!

这是闻蝉声而感身世。蝉的头是黑的,是喻体,玄鬓影是喻依,意旨是少年时不堪回首。"露重"一联是蝉,是喻依,喻体是自己,身微言轻是意旨。诗有长序,序尾道:"庶情沿物应,哀弱羽之飘零,道寄人知,悯馀声之寂寞。"正指出这层意旨。"高洁"是蝉,也是人、是自己;这个词是双关的,多义的。又杜甫《古柏行》(七古)咏夔州武侯庙和成都武侯祠的古柏,作意从"君臣已与时际会,树木犹为人爱惜"二语见出。篇末道:

　　大厦如倾要梁栋,万牛回首丘山重。不露文章世已惊,未辞剪伐谁能送? 苦心岂免容蝼蚁? 香叶终经宿鸾凤。志士幽人莫怨嗟,古来材大难为用。

大厦倾和梁栋虽已成为典故,但原是事物的比喻。两者都是喻依。前者的喻体是国家乱;大厦倾会压死人,国家乱人民受难,这是意旨。后者的喻体是大臣,梁栋支柱大厦,大臣支持国家,这是意旨。古柏是栋梁材,虽然"不露文章世已惊",也乐意供世用,但是太重了,太大了,谁能送去供用呢? 无从供用,渐渐心空了,蚂蚁爬进去了;但是"香叶终经宿鸾凤",它的身份还是高的。这是喻依。喻体是怀才不遇的志士幽人。志士幽人本有用世之心,

但是才太大了，无人真知灼见，推荐入朝；于是贫贱衰老，为世人所揶揄，但是他们的身份还是高的。这是才大难为用，是意旨。

五

典故只是故事的意思。这所谓故事包罗的却很广大。经史子集等等可以说都是的；不过诗文里引用，总以常见的和易知的为主。典故有一部分原是事物的比喻，有一部分是事迹，另一部分是成辞。上文说典故是历史的比喻和神仙的比喻，是专从诗文的一般读者着眼，他们觉得诗文里引用史事和神话或神仙故事的地方最困难。这两类比喻都应该包括着那三部分。如前节所引《古柏行》里的"大厦如倾要梁栋"、"大厦之倾，非一木所支"（见《文中子》）、"梧柏豫章虽小，已有栋梁之器"是袁粲叹美王俭的话，见《晋书》。大厦和梁栋都是历史的比喻，同时可还是事物的比喻。又"乾坤日夜浮"（五律，杜甫《登岳阳楼》）是用《水经注》。《水经注》道："洞庭湖广五百里，日月若出没其中。"乾坤是喻体，日夜浮是喻依。天地中间好像只有此湖；湖盖地，天盖湖，天地好像只是日夜飘浮在湖里。洞庭湖的广大是意旨。又"古调虽自爱，今人多不弹"（五绝，刘长卿《弹琴》），用魏文侯听古乐就要睡觉的话（见《礼记》）。两句是喻依，世人不好古是喻体，自己不合时宜是意旨。这三例不必知道出处便能明白；但知道出处，句便多义，诗味更厚些。

引用事迹和成辞不然，得知道出处，才能了解正确。如："圣代无隐者，英灵尽来归。遂令东山客，不得顾采薇。"（五古，王维《送綦毋潜落第还乡》）谢安曾隐居会稽东山。东山客是喻依，喻体是綦毋潜，意旨是大才隐处。《采薇》是伯夷叔齐的故事，他们义不食周粟，隐于首阳山，采薇而食。采薇是喻依，隐居是喻体，自甘淡泊是意旨。又"客心洗流水"（五律，李白

《听蜀僧濬弹琴》），流水用俞伯牙、钟子期的故事。俞伯牙弹琴，志在流水。钟子期就听出了，道："洋洋乎，若江河！"诗句是倒装，原是说流水洗客心。流水是喻依，喻体是蜀僧濬的琴曲，意旨是曲调高妙。洗流水又是双关的，多义的。洗是喻依，净是喻体，高妙的琴曲涤净客心的俗虑是意旨。洗流水又是喻依，喻体是客心；听琴而客心清净，像流水洗过一般，是意旨。又钱起《送僧归日本》（五律）道："……浮天沧海远，去世法舟轻。……惟怜一灯影，万里眼中明。"一灯影用《维摩经》。经里道："有法门，名无尽灯。譬如一灯燃百千灯，冥者皆明，明终不尽。夫一菩萨开导千百众生，令发阿耨多罗三藐三菩提心（译言"无上正等正觉心"），其于道意亦不灭尽。是名无尽灯。"这儿一灯是喻依，喻体是觉者；一灯燃千百灯，一觉者造成千百觉者，道意不灭是意旨。但在诗句里，一灯影却指舟中禅灯的光影，是喻依；喻体是那日本僧，意旨是他回国传法，辗转无尽（"惟怜"是"最爱"的意思）。又："后来鞍马何逡巡，当轩下马入锦茵。杨花雪落覆白苹，青鸟飞去衔红巾。炙手可热势绝伦，慎莫近前丞相嗔！"（七言，乐府，杜甫《丽人行》）全诗咏三月三日长安水边游乐的情形，以杨国忠兄妹为主。诗中上文说到虢国夫人和秦国夫人，这几句说到杨国忠——他那时是丞相。"杨花"二语正是暮春水边的景物。但是全诗里只在这儿插入两句景语，奇特的安排暗示别有用意。北魏胡太后私通杨华作《杨白花歌辞》，有"杨花飘荡入南家"、"愿衔杨花入窠里"等语。白苹，旧说是杨花入水所化。杨国忠也和虢国夫人私通。"杨花"句一方面是个喻依，喻体便是这件事实。杨国忠兄妹相通，都是杨家人，所以用杨花覆白苹为喻，暗示讥刺的意旨。三青鸟是西王母传书带信的侍者。当时总该有些侍婢是给那兄妹二人居间。"青鸟"句一方面也是喻依，喻体便是这些居间的侍婢，意旨还是讥刺杨国忠不知耻。青鸟是神仙的比喻。这两句隐约其辞，虽志在讥刺，而言之者无罪。又杜甫《登楼》（七律）：

花近高楼伤客心,万方多难此登临。锦江春色来天地,玉垒浮云变古今。北极朝廷终不改,西山寇盗莫相侵。可怜后主还祠庙,日暮聊为《梁父吟》。

旧注说本诗是代宗广德二年在成都作。元年冬,吐蕃陷京师,郭子仪收复京师,请代宗反正。所以有"北极"二句。本篇组织用赋体,以四方为骨干。锦江在东,玉垒山在西,"北极"二句是北眺所思。当时后主附祀先主庙中,先主庙在成都城南。"可怜"二句正是南瞻所感(罗庸先生说见《国文月刊》九期)。可怜后主还有祠庙,受祭享,他信任宦官,终于亡国,孤负了诸葛亮出山一番。《三国志》里说"亮躬耕陇亩,好为《梁父吟》",《梁父吟》的原辞不传(流传的《梁父吟》绝不是诸葛亮的《梁父吟》),大概慨叹小人当道。这二语一方面又是喻依,喻体是代宗和郭子仪;代宗也信任宦官,杜甫希望他"亲贤臣,远小人"(诸葛亮《出师表》中语),这是意旨。"日暮"句又是喻依,喻体是杜甫自己;想用世是意旨。又:"今朝郡斋冷,忽念山中客。洞底束荆薪,归来煮白石。"(五古,韦应物《寄全椒山中道士》)煮白石用鲍靓事。《晋书》:"靓学兼内外,明天文河洛书。尝入海,遇风,饥甚,取白石煮食之。"煮白石是喻依,喻体是那山中道士,他的清苦生涯是意旨。这也是神仙的比喻。又"总为浮云能蔽日,长安不见使人愁"(七律,李白《登金陵凤凰台》),两句一贯,思君的意思似甚明白。但乐府《古杨柳行》道:"谗邪害公正,浮云冷白日。"古句也道:"浮云蔽白日,游子不顾反。"本诗显然在引用成辞。陆贾《新语》说:"邪官之蔽贤,犹浮云之鄣日月。"本诗的"浮云能蔽日"一方面也是喻依,喻体大概是杨国忠等遮塞贤路。意旨是邪臣蔽君误国;所以有"长安"句历史的比喻和神仙的比喻引用故事,得增减变化,才能新鲜入目。宋人所谓"以旧为新",便是这意思。所引各例可见。

六

典故渗透全诗的,如孟浩然《临洞庭上张丞相》(五律):

八月湖水平,涵虚混太清。气蒸云梦泽,波撼岳阳城。欲济无舟楫,端居耻圣明。坐观垂钓者,徒有羡鱼情。

张丞相是张九龄,那时在荆州。前四语描写洞庭湖,三四是名句。后四语蝉联而下,还是就湖说,只"端居"句露出本意,这一语便是《论语》"邦有道,贫且贱焉,耻也"的意思。"欲济"句一方面说想渡湖上荆州去,却没有船,一方面是一喻依。伪《古文尚书·说命》殷高宗命傅说道,若济巨川,"用汝作舟楫"。本诗用这喻依,喻体却是欲用世而无引进的人,意旨是希望张丞相援手。"坐观"二语是一喻依。《汉书》用古人言:"临渊羡鱼,不如退而结网。"本诗里网变为钓。这一联的喻体是羡人出仕而得行道。自己无钓具,只好羡人家钓的鱼,自己不得仕,只好羡人家行道。意旨同上。

全诗用典故最多的。本书中推杜甫《寄韩谏议》一首(七古):

今我不乐思岳阳,身欲奋飞病在床。美人娟娟隔秋水,濯足洞庭望八荒。鸿飞冥冥日月白,青枫叶赤天雨霜。

玉京群帝集北斗,或骑麒麟翳凤凰。芙蓉旌旗烟雾落,影动倒景摇潇湘。星宫之君醉琼浆,羽人稀少不在旁。

似闻昨者赤松子,恐是汉代韩张良。昔随刘氏定长安,帷幄未改神惨伤。国家成败吾岂敢,色难腥腐餐枫香。

　　周南留滞古所惜,南极老人应寿昌。美人胡为隔秋水,焉得置之贡玉堂!

　　韩谏议的名字事迹无考。从诗里看,他是楚人,住在岳阳。肃宗平定安史之乱,收复东西京,他大约也是参预机密的一人。后来去官归隐,修道学仙。这首诗是爱惜他,思念他。第一节说思念他,是秋日,自己是在病中。美人这喻依见《楚辞》,但在这儿喻体是韩谏议,意旨是他的才能出众。"鸿飞冥冥,弋人何篡焉!"见扬雄《法言》。这儿一方面描写秋天的实景,一方面是喻依;喻体还是韩谏议,意旨是他已逃出世网。第二节说京师贵官声势煊赫而韩谏议不在朝。本节差不多全是神仙的比喻,各有来历。"玉京"句一喻依,喻体是集于君侧的朝廷贵官,意旨是他们承君命掌大权。"或骑"二语一套喻依("烟雾落"就是落在烟雾中),喻体同上句,意旨是他们的骑从仪卫之盛。影是芙蓉旌旗的影。"影动"句一喻依,喻体是声势煊赫,从京师传遍天下;意旨是在潇湘的韩谏议也必闻知这种声势。星宫之君就是玉京群帝,醉琼浆的喻体是宴饮,意旨是征逐酒食。羽人是飞仙,羽人稀少就是稀少的羽人,全句一喻依,喻体是一些远引的臣僚不在这繁华场中,意旨是韩谏议没有分享到这种声势。第三节说韩谏议曾参预定乱收京大计,如今却不问国事,修道学仙。全节是神仙的比喻夹着历史的比喻。昨者是从前的意思。如今的赤松子,昨者"恐是汉代韩张良"。韩张良的跟赤松子的喻体都是韩谏议,前者的意旨是他有谋略,后者的意旨是他修道学仙。别的喻依可以准此类推下去。第四节说他闲居不出很可惜,祝他老寿,希望朝廷再起用他来匡君济世。太史公司马谈因病留滞周南,不得参与汉武帝的封禅大典,引为生平恨事。诗中"周南留滞"是喻依,喻体是韩谏议,意旨是他闲居乡里。南极老人就是寿星,是喻依,喻体同,意旨便是"应寿昌"。以上只阐明大端,细

节从略。

七

诗和文的分别,一部分是在词句篇段的组织上,诗的组织比文的组织要经济些。引用比喻或典故,一个原因便是求得经济的组织。在旧体诗里,有字数、声调、对偶等制限,有时更不得不铸造一些特别经济的组织来适应。这种特殊的组织在文里往往没有,至少不常见。初学遇到这种地方也感困难,或误解,或竟不懂。这得去看详细的注释。但读诗多了,常常比较着看,也可明白。这种特殊的组织也常利用比喻或典故组成,那便更复杂些。如刘长卿《送李中丞归汉阳别业》(五律):

> 流落征南将,曾驱十万师。罢归无旧业,老去恋明时。独立三边静,轻生一剑知。茫茫江汉上,日暮欲何之!

"轻生一剑知"就是一剑知轻生的意思,轻生是说李中丞做征南将时不顾性命杀敌人。一剑知就是自己知:剑是杀敌所用,是自己的一部分,部分代全体是修辞格之一。自己知又有两层用意:一是问心无愧,忠可报君;二是只有自己知,别人不知。上下文都可印证。又"即此羡闲逸,怅然吟式微"(五古,王维《渭川田家》),式微用《诗经·式微》篇道:"式微,式微,胡不归!"本诗的式微是篇名,指的是这篇诗。吟式微只是取"胡不归"那一语,用意是"何不归田呢"。又"惟将迟暮供多病,未有涓埃答圣朝"(七律,杜甫《野望》),"恐美人之迟暮"见《楚辞》,迟暮是老大无成的意思。"惟将"句是说自己已老大,不曾有所建树报答圣朝,加上迟暮的年光又都消磨在多病里,

虽然"海内风尘"（见本诗第三句），却丝毫的力量也不能尽。"供"是喻依，杜甫自己是喻体，消磨在里面是意旨。这三例都是用辞格（也是一种比喻）或典故组成的。又如李颀《送陈章甫》（七古）末尾道："闻道故林相识多，罢官昨日今如何？"昨日罢官，想到就要别了许多朋友归里，自然不免一番寂寞；但是"闻道故林相识多"，今日临行，想到就要会见着那些故林相识的朋友，又觉如何呢？——该不会寂寞了罢？昨今对照，用意是安慰（昨日是日前的意思）。又刘长卿《寻南溪常道士》：

　　一路经行处，莓苔见屐痕。白云依静渚，芳草闭闲门。过雨看松色，随山到水源。溪花与禅意，相对亦忘言。

去寻常道士，他不在寓处；"随山到水源"才寻着。对着南溪边的花和常道士的禅意，却不觉忘言。相对是和"溪花与禅意"相对着。禅意给人妙悟，溪花也给人妙悟（禅家有拈花微笑的故事，那正是妙悟的故事），所以说"与"。妙悟是忘言的。寻着了常道士，却被溪花与禅意吸引住！只顾欣赏那无言之美，不想多交谈，所以说"亦"忘言。又韦应物《送杨氏女》（五古），是送女儿出嫁杨家，前面道："女子今有行，大江溯轻舟。尔辈苦无恃，抚念益慈柔。幼为长所育，两别泣不休。"篇尾道："归来视幼女，零泪缘缨流。"全诗不曾说出杨氏女是长女，但读了这几句关系自然明白。

　　倒装这特殊的组织，诗里也常见。如"竹喧归浣女，莲动下渔舟"（五律，王维《山居秋暝》），"归浣女"、"下渔舟"就是浣女归，渔舟下。又"家书到隔年"（五律，杜牧《旅宿》），就是家书隔年到。又"东门酤酒饮我曹"（七古，李颀《送陈章甫》），"饮我曹"就是我曹饮，从上下文可知。又"名岂文章著，官应老病休"（五律，杜甫《旅夜书怀》），就是文章岂著名，老病应休官。又"幽映每白日"（五律，刘眘虚《阙题》），就是白日每幽映。又"徒劳恨费声"（五律，李商隐《蝉》），就是费声恨徒劳。又"竹怜新雨后，山爱夕阳时"（五律，钱起《谷口书斋寄杨补阙》），就是怜新雨后之竹，爱夕阳时之山——怜爱同意。又"独夜忆秦关，听钟未眠客"（五古，韦应物《夕次盱眙县》），就是听钟未眠客，独夜忆秦关。这些倒装句里纯然为了适应字数、声调、对偶等制限的却没有，它们主要的作用还在增强语气。此外如"何因不归去，淮上对秋山？"（五律，韦应物《淮上喜会梁州故人》）这是诘问自己，"何因"直贯下句，二语合为一句。这也为了经济的缘故。至如"少陵无人谪仙死"（七古，韩愈《石鼓歌》），"无人"也就是"死"。这是求新，求惊人。又"百年多是几多时"（七律，元稹《遣悲怀》之三），是说百年虽多，究竟又有多少时候呢？这也许是当时口语的调子。又如"云中君不见"（五律，马戴《楚江怀古》），云中君是一个词；这句诗上三字下二字，跟一般五言句上二下三的不同，但似乎只是个无意为之的例外，跟古诗里"出郭门直视"一般。可是如"永夜角声悲自语，中天月色好谁看"（七律，杜甫《宿府》），"五更鼓角声悲壮，三峡星河影动摇"（七律，杜甫《阁夜》），都是上五下二，跟一般七言句上四下三或上二下五的不同。又"近寒食雨草萋萋，着麦苗风柳映堤"（七绝，无名氏《杂诗》），每句上四字作一二一，而一般作二二或三一。这些却是有意变调求新了。

　　本书选诗，各方面的题材大致都有，分配又匀称，没有单调或琐屑的弊病。这也是唐代生活小小的一个缩影。可是题材的内容虽反映着时代，题材的项目却多是汉魏六朝诗里所已有。只有音乐、图画似乎是新的。赋里有以音乐为题材的，但晋以来就少。唐代音乐、图画特别发达，反映到诗里，便增加了题材的项目。这也是时势使然。在各种题材里，"出处"是一重大的项目。从前读书人唯一的出路是出仕，出仕为了行道，自然也为了衣食。

出仕以前的隐居、干谒、应试(落第)等，出仕以后的恩遇、迁谪，乃至忧民、忧国、思林栖、思归田等，乃至真个辞官归田，都是常见的诗的题目，本书便可作例。仕君行道是儒家的思想，隐居和归田都是道家的思想。儒道两家的思想合成了从前的读书人。但是现在时势变了，读书人不一定出仕，林栖、归田等思想也绝无仅有。有些人读这些诗，也许会觉得不真切；青年学生读书，往往只凭自己的狭隘的兴趣，更容易有此感。但是会读诗的人，多读诗的人，能够设身处地，替古人着想，依然觉得这些诗真切。这是情感的真切，不是知识的真切。这些人不但对于现在有情感，对于过去也有情感。他们知道唐人的需要、唐人的得失和现代人不一样，可是在读唐诗的时候，只让那对于过去的情感领着走；这种无私、无我、无关心的同情教他们觉到这些诗的真切。这种无关心的情感需要慢慢调整自己、扩大自己，才能养成。多读史，多读诗，是一条修养的途径。就是那些比较有普遍性的题材，如相思、离别、慈幼、慕亲、友爱等也还是需要无关心的情感。这些题材的节目多少也跟着时代改变一些，固执"知识的真切"的人读古代的这些诗，有时也不能感到兴趣。

　　至于咏古之作，如唐玄宗《经鲁祭孔子而叹之》(五律)，是古人敬慕古人，纪时之作。如李商隐《韩碑》(七古)，是古人论当时事。虽然我们也敬慕孔子，替韩愈抱屈，但知识的看，古人总隔一层。这些题材的普遍性比前一类低减些，不过还在"出处"那项目之上。还有，朝会诗，如岑参，王维《和贾至舍人早朝大明宫之作》(七律)，见出一番堂皇富丽的气象；又，宫词，往往见出一番怨情，宛转可怜。可是这些题材现代生活里简直没有。最别扭的是边塞和从军之作，唐人很喜欢作这类诗，而悯苦寒讥黩武的居多数，跟现代人冒险尚武的精神恰恰相反。但荒寒的边塞自是一种新境界，从军苦在当时也是一种真情的流露；若能节取，未尝没有是处。要能欣赏这几类诗，

都得靠无关心的情感。此外,唐人酬应的诗很多,本书里也可见。有些人觉得作诗该等候感兴,酬应的诗不会真切。但仗兴而作的人向来大概不多,据现在所知,只有孟浩然是如此。作诗都在情感平静了的时候,运诗造句都得用到理智。仗兴而作是无所为,酬应而作是有所为,在功力深厚的人其实无多差别。酬应的诗若能恰如分际,也就见得真切。况是这种诗里也不短至情至性之作。总之,读诗得除去偏见和成见,放大眼光,设身处地看去。

八

明代高棅编选《唐诗品汇》,将唐诗分为四期。后来虽有种种批评,这分期法却渐被一般沿用。初唐是高祖武德元年(618)至玄宗开元初(713—),约一百年。盛唐是玄宗开元元年至代宗大历初(766—),五十多年。中唐是代宗大历元年至文宗太和九年(835),七十年。晚唐是文宗开成元年(836)至昭宗天祐三年(906),八十年。初唐诗还是齐梁的影响,题材多半是艳情和风云月露,讲究声调和对偶。到了沈佺期、宋之问手里,便成立了律诗的体制。这是唐代诗坛一件大事,影响后世最大。当时有个陈子昂,独主张复古,扩大诗的境界。但他死得早,成就不多。盛唐诗李白努力复古,杜甫努力开新。所谓复古,只是体会汉魏的作风和借用乐府诗的题目,并非模拟词句。所以陈子昂、李白都能够创一家,而李白的成就更大。他的成就主要的在七言乐府,绝句也独步一时。杜甫却各体诗都是创作,全然不落古人窠臼。他以时事入诗,议论入诗,使诗散文化,使诗扩大境界;一方面研究律诗的变化,用来表达各种新题材。他的影响的久远,几乎没有一个诗人比得上。这时期作七古体的最多,为的这一体比较自由,又刚在开始发展。而王维、孟浩然专用五律写山水,也能变古成家。中唐诗韦应物、柳宗元的五古以复古的作风创作,各自成家。古文家韩愈继承杜甫,更使诗向散文化的路上走。宋诗受他的影响极大。他的门下作诗,有词句冷涩的,有题材诡僻的,本书里只选了贾岛一首。另一面有些人描写一般的社会生活;这原是乐府精神,却也是杜甫开的风气。元稹、白居易主张诗该写社会生活而有规讽的作意,才是正宗。但他们的成就却不在此而在情景亲切,明白如话。他们不避俗,跟韩愈一派恰相对照,可也出于杜甫。晚唐诗刻画景物,雕琢词句,题材又回到风云月露和艳情上,只加了一些雅事。诗境重趋狭窄,但精致过于前人。这时期的精力集中在近体诗。精致的只是词句,全篇组织往往配合不上。其中李商隐、温庭筠虽咏艳情,却有大处奇处,不踟蹰在绮靡的圈子里;而李商隐学杜学韩境界更广阔些。学杜、韩而兼受温、李熏染的是杜牧,豪放之馀,不失深秀。本书选诗七十七家,初唐不到十家,盛中晚三期各二十多家。入选的诗较多的八家。盛唐四家:杜甫的三十六首,王维三十首,李白二十九首,孟浩然十五首。中唐二家:韦应物十二首,刘长卿十一首。晚唐二家:李商隐二十四首,杜牧十首。

　　李白诗,书中选五古三首、乐府三首,七古四首、乐府五首,五律五首,七律一首,五绝二首、乐府一首,七绝二首、乐府三首。各体都备,七古和乐府共九首,最多;五七绝和乐府共八首,居次。李白,字太白,蜀人,玄宗时作供奉翰林,触犯了杨贵妃,不能得志。他是个放浪不羁的人,便辞了职,游山水、喝酒,作诗。他的态度是出世的,作诗全任自然。当时称他为"天上谪仙人",这说明了他的人和他的诗。他的乐府很多,取材很广;他其实是在抒写自己的生活,只借用乐府的旧题目而已。他的七古和乐府篇幅恢张,气势充沛,增进了七古体的价值。他的绝句也奠定了一种新体制。绝句最需要经济的写出,李白所作,自然含蓄,情韵不尽。书中所收《下江陵》一首,有人推为唐代七绝第一。杜甫诗,计五古五首,七古五首、乐府四首,五七律各十

首,五七绝各一首。只少五言乐府,别体都有。律诗共二十首,最多;七古和乐府共九首,居次。杜甫,字子美,河南巩县人。安禄山陷长安,肃宗在灵武即位。他从长安逃到灵武,做了左拾遗的官。后因事被放,辗转流落到成都,依故人严武,做到"检校工部员外郎"。世称杜工部。他在蜀住的很久。他是儒家的信徒,一辈子惦着仕君行道;又身经乱离,亲见民间疾苦。他的诗努力描写当时的情形,发抒自己的感想。唐代用诗取士,诗原是应试的玩意儿;诗又是供给乐工歌伎唱来伺候宫廷和贵人的玩意儿。李白用来抒写自己的生活,杜甫用来抒写那个大时代;诗的境界扩大了,地位也增高了。而杜甫抓住了广大的实在的人生,更给诗开辟了新世界。他的诗可以说是写实的,这写实的态度是从乐府来的。他使诗历史化,散文化,正是乐府的影响。七古体到他手里正式成立,律诗到他手里应用自如——他的五律极多,差不多穷尽了这一体的变化。

王维诗,计五古五首、七言乐府三首、五律九首、七律四首、五绝五首、七绝和乐府四首,五律最多。王维,字摩诘,太原人,试进士,第一,官至尚书右丞。世称王右丞。他会草书、隶书,会画画。有别墅在辋川,常和裴迪去游览作诗。沈宋的五律还多写艳情,王维改写山水,选词造句都得自出心裁。从前虽也有山水诗,但体制不同,无从因袭。苏轼说他"诗中有画"。他是苦吟的,宋人笔记里说他曾因苦吟走入醋缸里;他的《渭城曲》(乐府),有人也推为唐代七绝压卷之作。他的诗是精致的。孟浩然诗,计五古三首、七古一首、五律九首、五绝二首,也是五律最多。孟浩然,名浩,以字行,襄州襄阳人。隐居鹿门山,四十岁才游京师。张九龄在荆州,召为僚属。他用五律写江湖,却不苦吟,亻兴而作。他专工五言,五言各体都擅长。山水诗不但描写自然,还欣赏自然。王维的描写比孟浩然多些。

韦应物诗,五古七首、五律二首、七律一首、五七绝各一首,五古多。韦应物,京兆长安人,做滁州刺史,改江州,入京做左司郎中,又出做苏州刺史。世称韦左司或韦苏州。他为人少食寡欲,常焚香扫地而坐。诗淡远如其人。五古学古诗,学陶诗,指事述情,明白易见——有理语也有理趣,正是陶渊明所长。这些是淡处。篇幅多短,句子浑含不刻画,是远处。朱子说他的诗无一字造作,气象近道。他在苏州所作《郡斋中雨与诸文士燕集》诗开端道:"兵卫森画戟,宴寝凝清香;海上风雨至,逍遥池阁凉。"诗话推为一代绝唱,也只是为那肃穆清华的气象。篇中又道"自惭居处崇,未瞻斯民康",《寄李儋元锡》(七律)也道"邑有流亡愧俸钱",这是忧民;识得为政之体,才能有些忠君爱民之言。刘长卿诗,计五律五首、七律三首、五绝三首,五律最多。刘长卿,字文房,河间人,登进士第,官终随州刺史。世称刘随州。他也是苦吟的人,律诗组织最为精密整炼;五律更胜,当时推为"五言长城"。上文曾举过两首作例,可见出他的用心处。

李商隐诗,计七古一首、五律五首、七律十首、五绝一首、七绝七首。七律最多,七绝居次。李商隐,字义山,河内人,登进士第。王茂元镇河阳,召他掌书记,并使他做女婿。王茂元是李德裕的党,李德裕和令狐楚是政敌。李商隐和令狐本有交谊,这一来却得罪了他家。后来令狐楚的儿子令狐绹做了宰相,李商隐屡次写信表明心迹,他只是不理。这是李商隐一生的失意事,诗中常常涉及,不过多半隐约其辞。后来柳仲郢镇东蜀,他去做过节度判官。他博学强记,又有隐衷,诗里的典故特别多。他的七律里有好些"无题"诗,一方面像是相思不相见的艳情诗;另一方面又像是比喻,咏叹他和令狐绹的事,寄托那"不遇"的意旨。还有那篇《锦瑟》,虽有题,解者也纷纷不一。那或许是悼亡诗,或许也是比喻。又有些咏史诗,如《隋宫》,或许不止是咏古,还有刺时的意旨。他的诗语既然是一贯的隐约,读起来便只能凭文义、典故、他的事迹作一些可能的概括的解释。他的七绝里也有这种咏史或

游仙诗,如《隋宫》、《瑶池》等。这些都是奇情壮采之作(一方面七律的组织也有了进步),所以入选的多。他的七绝最著名的可是《寄令狐郎中》一首。杜牧诗,五律一首、七绝九首,几乎是专选一体。杜牧,字牧之,登进士第。牛僧孺镇扬州,他在节度府掌书记,又作过司勋员外郎。世称杜司勋,又称小杜(杜甫称老杜)。他很有政治的眼光,但朝中无人,终于是个失意者。他的七绝感慨深切,情辞新秀。《泊秦淮》一首也曾被推为压卷之作。

唐以前的诗,可以说大多数是五古,极少数是七古。但那些时候并没有体制的分类。那些时候诗的分类,大概只从内容方面看;最显著的一组类别是五言诗和乐府诗。五言诗虽也从乐府演变而出,但从阮籍开始,已经高度的文人化,为独立的抒情写景的体制。乐府原是民歌,叙述民间故事,描写各社会的生活,有时也说教。东汉以来文人仿作乐府的很多,大都沿用旧题旧调,也是五言的体制。汉末旧调渐亡,文人仿作,便只沿用旧题目;但到后来诗中的话也不尽合于旧题目。这些时候有了七言乐府,不过少极;汉魏六朝间著名的只有曹丕的《燕歌行》,鲍照的《行路难》十八首等。乐府多朴素的铺排,跟五言诗的浑含不露有别。五言诗经过汉魏六朝的演变,作风也分化。阮籍是一期,陶渊明、谢灵运是一期,"宫体"又是一期。阮籍抒情,"志在刺讥而文多隐避"(颜延年、沈约等注咏怀诗语),最是浑含不露。陶、谢抒情、写景、说理,渐趋详切,题材是田园、山水。宫体起于梁简文帝时,以艳情为主,渐讲声调对偶。

初唐五古还是宫体馀风。陈子昂、张九龄、李白主张复古,虽标榜"建安"(汉献帝年号,建安体的代表是曹植),实是学阮籍,本书张九龄《感遇》二首便是例子。但盛唐五古,张九龄以外,连李白所作(《古风》除外)在内,可以说都是陶、谢的流派。中唐韦应物、柳宗元也如此。陶、谢的详切本受乐府的影响。乐府的影响到唐代最为显著。杜甫的五古便多从乐府变化。

他第一个变了五古的调子,也是创了五古的新调子。新调子的特色是散文化。但本书所选他的五古还不是新调子,读他的长篇才易见出。这种新调子后来渐渐代替了旧调子。本书里似乎只有元结《赋退示官吏》一首是新调子;可是散文化太过,不是成功之作。至于唐人七古,却全然从乐府变出。这又有两派。一派学鲍照,以慷慨为主;另一派学"晋白纻(舞名)歌辞"(四首见《乐府诗集》)等,以绮艳为主。李白便是著名学鲍照的,盛唐人似乎已经多是这一派。七言句长,本不像五言句的易加整炼,散文化更方便些。《行路难》里已有散文句,李白诗里又多些,如"我欲因之梦吴越"(《梦游天姥吟留别》),又如上文举过的"弃我去者"二语。七古体夹长短句原也是散文化的一个方向。初唐陈子昂《登幽州台歌》全首道:"前不见古人,后不见来者。念天地之悠悠,独怆然而涕下。"简直没有七言句,却也可以算入七古里。到了杜甫,更有意的以文为诗,但多七言到底,少用长短句。后来人作七古,多半跟着他走。他不作旧题目的乐府而作了许多叙述时事、描写社会生活的诗。这正是乐府的本来面目。本书据《乐府诗集》将他的《哀江头》、《哀王孙》等都放在七言乐府里,便是这个理。从他以后,用乐府旧题作诗的就渐渐的稀少了。另一方面,元稹、白居易创出一种七古新调,全篇都用平仄调协的律句,但押韵随时转换,平仄相间,各句安排也不像七律有一定的规矩。这叫做长庆体。长庆是穆宗的年号,也是元白的集名。本书白居易的《长恨歌》、《琵琶行》都是的。古体诗的声调本来比较近乎语言之自然,长庆体全用律句,反失自然,只是一种变调,但却便于歌唱。《长恨歌》可以唱,见于记载,可不知道是否全唱。五七古里律句多的本可歌唱,不过似乎只唱四句,跟唱五七绝一样。古体诗虽不像近体诗的整炼,但组织的经济也最着重。这也是它跟散文的一个主要的分别,前举韦应物《送杨氏女》便是一例。又如李白《宣州谢朓楼饯别校书叔云》里道:"蓬莱文章建安骨,中间小谢又

清发。"一方面说谢朓（小谢），一方面是比喻。且不说喻旨，只就文义看。"蓬莱"句又有两层比喻，全句的意旨是后汉文章首推建安诗。"中间"句说建安以后"大雅久不作"（见李白《古风》第一首），小谢清发，才重振遗绪。"中间"、"又"三个字包括多少朝代，多少诗家，多少诗，多少议论！组织有时也变换些新方式，但得出于自然。如李白《梦游天姥吟留别》（七古）用梦游和梦醒作纲领；韩愈《八月十五夜赠张功曹》用唱歌跟和歌作纲领，将两篇歌穿插在里头。

律诗出于齐梁以来的五言诗和乐府。何逊、阴铿、徐陵、庾信等的五言都已讲究声调和对偶。庾信的《乌夜啼》乐府简直像七律一般；不过到了沈宋才成定体罢了。律首声调，前已论及。对偶在中间四句，就是第一组节奏的后两句，第二组节奏的前两句，也是异中有同，同中有异。这样，前四句由散趋整，后四句由整复归于散，增前两组节奏的往复回还的效用。这两组对偶又得自有变化，如一联写景，一联写情，一联写见，一联写闻之类，才不致板滞，才能和上下打成一片。所谓情景或见闻，只是从浅处举例，其实这中间变化很多，很复杂。五律如："地犹鄹氏邑，宅即鲁王宫。叹凤嗟身否，伤麟怨道穷。"（唐玄宗《经鲁祭孔子而叹之》）四句虽两两平列，可是前一联上句范围大，下句范围小；后一联上句说平时，下句说将死，便见流走。又："为我一挥手，如听万壑松。客心洗流水，馀响入霜钟。"（李白《听蜀僧濬弹琴》）前联一弹一听，后联一在弹，一已止，各是一串儿。又："遥怜小儿女，未解忆长安；香雾云鬟湿，清辉玉臂寒。"（杜甫《月夜》）"遥怜"直贯四句。"小儿女未解忆长安"固然可怜，"香雾"云云的人（杜甫妻）解得忆长安，也许更可怜些。前联只是一句话，后联平列；两相调剂着。律诗多在四句分段，但也不尽然，从这一首可见。又前面引过的刘长卿《寻南溪常道士》次联"白云依静渚，芳草闭闲门"，似乎平列，用意却侧重寻常道士不遇，侧重在下句。

三联"过雨看松色,随山到水源",上句景物,下句动作,虽然平列而不是一类。再说"过雨"暗示忽然遇雨;雨住后松色才更苍翠好看;这就兼着叙事,跟单纯写景又不同。

七律如:"云边雁断胡天月,陇上羊归塞草烟。回日楼台非甲帐,去时冠剑是丁年。"(温庭筠《苏武庙》)前联平列,但不是单纯的写景句;这中间引用着《汉书·苏武传》,上句意旨是和汉朝音信断绝(雁足传书事),下句意旨是无归期(匈奴使苏武放牡羊,说牡羊有乳才许归汉)。后联说去汉时还是冠剑的壮年,回汉时武帝已死。"丁年奉使"见《李陵答苏武书》;甲帐是头等帐,是武帝作来敬神的,见《汉武故事》。这一联是倒装,为的更见出那"不堪回首"的用意。又:"玉玺不缘归日角,锦帆应是到天涯。于今腐草无萤火,终古垂杨有暮鸦。"(李商隐《隋宫》)日角是额骨隆起如日,是帝王之相,这儿是根据《旧唐书》,用来指太宗。锦帆指隋炀帝的游船,见《开河记》。这一联说若不因为太宗得了天下,炀帝还该游得远呢!上句是因,下句是果。放萤火,种垂杨,都是炀帝的事。后联平列,上句说不放萤火,下句说垂杨栖鸦,一有一无,却见出"而今安在"一个用意。又李商隐《筹笔驿》中二联道:"徒令上将挥神笔,终见降王走传车。管乐有才真不忝,关张无命欲何如!"筹笔驿在绵州绵谷县,诸葛武侯曾在那里驻军筹画。上将指武侯,降王指后主;管乐是管仲、乐毅,武侯早年曾自比这二人。前联也是倒装,因为"终见——",才觉"徒令"。但因"筹笔"想到"降王",即景生情,虽倒装还是自然。后联也将"有""无"对照,见出本诗末句"恨有馀"的用意。七律对偶用倒装句、因果句,到晚唐才有。七言句长,整炼较难,整炼而能变化如意更难。唐代律诗刚创始,五言比较容易些,发展得自然快些。作五律的大概多些,好诗也多些,本书五律多,便是这个缘故。律诗也有不对偶或对偶不全的,如李白《夜泊牛渚怀古》(五律),又如崔颢《黄鹤楼》(七律)的次联,这些

只算例外。又有不调平仄的,如《黄鹤楼》和王维《终南别业》(五律),也是例外。也有故意这样作的,后来称为拗体,但究竟是变调。本书不选排律。七言排律本来少,五言的却多,也推杜甫为大家。排律将律诗的节奏重复多次,便觉单调,教人不乐意读下去。但本书不选,恐怕是为了典故多。晚唐律诗着重一句一联,忽略全篇的组织,因此后人评论律诗,多爱摘句,好像律诗篇幅完整的很少似的。其实不然,这只是偏好罢了。

绝句不是截取律诗的四句而成。五绝的源头在六朝乐府里。六朝五言四句的乐府很多,《子夜歌》最著名。这些大都是艳情之作,诗中用谐声辞格很多。谐声辞格如"蟢子"谐"喜"声,"藁砧"就是"铁"(铡刀)谐"夫"声。本书选了权德舆《玉台体》一首,就是这种诗。也许因为诗体太短,用这种辞格来增加它的内容,这也是多义的一式。但唐代五绝已经不用谐声辞格,因为不大方,范围也窄。唐代五绝有调平仄的,有不调平仄而押仄声韵的;后者声调上也可以说是古体诗,但题材和作风不同。所以容许这种声调不谐的五绝,大约也是因为诗体太短,变化少;多一些自由,可以让作者多一些回旋的地方。但就是这样,作的还是不多。七言四句的诗,唐以前没有,似乎是唐人的创作。这大概是为了当时流行的西域乐调而作;先有调,后有诗。五七绝都能歌唱,七绝歌唱的更多。该是因为声调曼长,好听些。作七绝的比五绝的多得多,本书选得也多。唐人绝句有两种作风:一是铺排,一是含蓄。前者如柳宗元《江雪》:

千山鸟飞绝,万境人踪灭。孤舟蓑笠翁,独钓寒江雪。

又韦应物《滁州西涧》:

　　独怜幽草涧边生,上有黄鹂深树鸣。春潮带雨晚来急,野渡无人舟自横。

柳诗铺排了三个印象见出"江雪"的幽静,韦诗铺排了四个印象见出西涧的幽静;但柳诗有"千山"、"万境"、"绝"、"灭"等词,显得那幽静更大些。所谓铺排,是平排(或略参差,如所举例)几个同性质的印象,让它们集合起来,暗示一个境界。这是让印象自己说明,也是经济的组织,但得选择那些精印象。后者是说要从浅中见深,小中见大;这两者有时是一回事。含蓄的绝句,似乎是正宗,如杜牧《秋夕》:

　　银烛秋光冷画屏,轻罗小扇扑流萤。天街夜色凉如水,卧看牵牛织女星。

是说宫人秋夕的幽怨,可作浅中见深的一例。又刘禹锡《乌衣巷》:

　　朱雀桥边野草花,乌衣巷口夕阳斜。旧时王谢堂前燕,飞入寻常百姓家。

乌衣巷是晋代王导谢安住过的地方,唐代早为民居。诗中只用野花、夕阳、燕子,对照今昔,便见出盛衰不常一番道理。这是小中见大,也是浅中见深。又王之涣《登鹳雀楼》:

　　白日依山尽,黄河入海流。欲穷千里目,更上一层楼。

鹳雀楼在平阳府蒲州城上。白日依山,黄河入海,一层楼的境界已穷,若要看得更远,更清楚,得上高处去。三四句上一层楼,穷千里目,是小中见大;但另一方面,这两句可能是个比喻,喻体是人生,意旨是若求远大得向高处去。这又是浅中见深了。但这一首比较前二首明快些。

论七绝的称含蓄为"风调"。风飘摇而有远情,调悠扬而有远韵,总之是馀味深长。这也配合着七绝的曼长的声调而言,五绝字少节促,便无所谓风调。风调也有变化,最显著的是强弱的差别,就是口气否定肯定的差别。明清两代论诗家推举唐人七绝压卷之作共十一首,见于本书的八首。就是:王维《渭城曲》(乐府),王昌龄《长信怨》或《出塞》(皆乐府),王翰《凉州词》,李白《下江陵》,王之涣《出塞》(乐府,一作《凉州词》),李益《夜上受降城闻笛》,杜牧《泊秦淮》。这中间四首是乐府,乐府的措辞总要比较明快些。其馀四首虽非乐府,也是明快一类。只看八首诗的末二语便可知道。现在依次抄出:

> 劝君更尽一杯酒,西出阳关无故人。

> 玉颜不及寒鸦色,犹带昭阳日影来。

> 但使龙城飞将在,不教胡马度阴山。

> 醉卧沙场君莫笑,古来征战几人回?

> 两岸猿声啼不住,轻舟已过万重山。

羌笛何须怨杨柳？春风不度玉门关。

不知何处吹芦管，一夜征人尽望乡。

商女不知亡国恨，隔江犹唱后庭花。

这些都用否定语作骨子，所以都比较明快些，这些诗也有所含蓄，可是强调。七绝原来专为歌唱而作，含蓄中略求明快，听着才容易懂，适应需要，本当如此。弱调的发展该是晚点儿。——不见于本书的三首，一首也是强调，二首是弱调。十一首中共有九首调强，可算是大多数。

当时为人传唱的绝句见于本书的，五言有王维的《相思》，七言有他的《渭城曲》，王昌龄的《芙蓉楼送辛渐》和《长信怨》，王之涣的《出塞》。《相思》道：

红豆生南国，春来发几枝？愿君多采撷！此物最相思。

《芙蓉楼送辛渐》道：

寒雨连江夜入吴，平明送客楚山孤。洛阳亲友如相问，一片冰心在玉壶。

除《长信怨》外，四首都是对称的口气。王之涣的"羌笛"句是说："你何须吹羌笛的折柳词来怨久别？"那不见于本书的高适的"开箧泪沾臆，见君前日书"一首也是的（这一首本是一首五古的开端四语，歌者截取，作为绝句）。

歌辞用对称的口气,唱诗好像在对听者说话,显得亲切。绝句用对称口气的特别多,有时用问句,作用也一般。这些原都是乐府的老调儿,绝句只是推广应用罢了。风调转而为才调,奇情壮采依托在艳辞和故事上,是李商隐的七绝。这些诗虽增加了些新类型,却非七绝的本色。他又有《夜雨寄北》一绝:

君问归期未有期,巴山夜雨涨秋池。何当共剪西窗烛,却话巴山夜雨时!

这也是对称的口气。设想归后向那人谈此时此地的情形,见出此时此地思归和相念的心境,回环含蓄,却又亲切明快。这种重复的组织极精炼可喜,但绝句以自然为主。像本诗的组织,精炼不失自然,是可遇而不可求的。

朱宝莹先生有《诗式》(中华书局版),专释唐人近体诗的作法作意,颇切实;邵祖平先生有《唐诗通论》(《学衡》十二期)颇详明,都可参看。

蔡孑民先生言行录

一

本书是新潮社编辑的新潮丛书第四种,出版在民国九年。新潮社早已不存在,这部书也早已绝版了。但书的版权已归开明书店所有,我们希望开明能够继续印行(删去《致汪精卫书》和《华工学校讲义》汪序),因为这是一部有益于青年(特别是中学生)的书,在文字上,也在思想上。本书分上下二册,约十七万字。前有凡例,第一条道:

> 蔡先生的道德学问和事业,用不着我们标榜。不过我们知道国内外尚有许多急欲明白先生言行的人,极希望一部有系统的先生言行录:这便是我

们编印本书的一点微意。

蔡先生去年死了。盖棺论定,他老人家一生的道德学问和事业的确可以作青年人的模范;他的言行,青年人更该"急欲明白"。这部书的继续印行真是必要的。听说刘开渠先生还给他编了一部全集,似乎没有付印。全集的篇幅一定很多,而且不免有些"与社会无甚关系的"(见凡例第四条)文字。为青年人(特别是中学生)阅读,本书该是更适宜些。

凡例第二条道:

> 本书内容共计先生传略一篇,言论八十四篇,附录三篇。言论大别为六类。分类本是不容易的事;归入甲类的,同时也与乙丙有关。故本书没有标明分类的名目。不过我们可以在这里略为说明的:第一类大约关于最重大普遍的问题;第二类关于教育;第三类关于北京大学;第四类关于中西文化的沟通;第五类为普遍的问题;第六类为范围较小,关系较轻的问题。"附录"第一篇内《华工学校讲义》四十小篇……为先生大部分道德精神所寄。其馀两篇,系大学改制的提案,也与先生事业很有关系。

二

第一类共十八篇,论世界观与人生观、哲学与科学、劳工神圣、国文的趋势等等。第二类共十六篇,论教育方针、新教育与旧教育、美育、平民教育、五四运动等等。第三类共十八篇,说明办北京大学的宗旨和对于学生的希望,还有提倡学生课外活动(音乐、书法、新闻学等)的文字。关系重大的《致公言报并答林琴南君函》便在这一类里。第四类共十一篇,所论以中法文化的沟通为主。第五类共十一篇,杂论修养、学术教育。第六类共十篇,杂论学术、时事、教育,其中有四篇是民国纪元前旧作。《华工学校讲义》三十篇论德育,十篇论智育。这些文字差不多都和教育有关;教育是蔡先生的终生事业,所以他全神贯注,念念不忘。读这部书不妨将第六类和附录的二篇略去,别的都得细看。第三类都是些关于当时的北京大学的文字,似乎不能引起现在中学生读者的兴味。但是不然。民国八年的五四运动,北京大学是领导者,那时正是蔡先生做校长。五四运动是政治运动,同时是新文化运动,影响的重大,青年人都知道。再说改进北京大学也是蔡先生平生最重大的教育事业,值得后来人景仰。所以这一类文字,兴趣绝不会在别的几类以下。

本书六类文字中,文言文五十六篇,白话文二十八篇,共八十四篇。《华工学校讲义》四十篇,全是文言,连前共一百二十四篇,文言文共九十六篇,占全书百分之八十弱。全书按体裁分,又有论文、演说词、序(包括发刊词)、书信、日记、启事等类。论文六十四篇、演说词三十八篇、序十五篇、书信五篇,日记、启事各一篇。这些又都只是说明文和论说文两类。演说词占全书百分之三十,却是文言多于白话;三十八篇里有二十四篇是文言,占百分之六十弱。这中间有三篇注明是别人笔记的,一篇是文言,两篇是白话。还有一篇,题目下注着"八年十二月三日改定",不知道是不是先经别人笔记后来再改定的。蔡先生是个忙人,该常有些文牍或秘书帮他拟稿。本书所收的文字,除注明别人笔记的三篇演说词以外,原也不一定全出于他的亲手,但大部分该是的。《华工学校讲义》四十篇都是他"手撰",有明文可据。论文、序、书信里,至少那些重要的是他自己动笔。那篇日记和那条启事更该是他自己写的。别的即使有人拟稿,也该是他的意思,并且经他手定的。全书所

收的文字,思想是如此一致,风格也是如此一致,他至少逐篇都下过工夫来看。无论如何,这问题并不影响书的价值;在文字上,在思想上,本书无疑的是青年人——特别是中学生——有益的读物。现在中学生的读物里最缺乏简短的说明文和议论文,无论文言或白话。再说文言方面有的是古书、唐宋八家文、明人小品文,以及著述文等等,这些却都不能帮助学生学习应用的文言。梁启超先生的文言可以算是应用的了,但只在清末合式,现在看来,却还嫌高古似的。只有本书的文言,朴实简明,恰合现在的应用;现在报纸上的文言便是这种文言,这是最显著的标准。我们说应用,蔡先生也说应用(《国文之将来》),又称为"实用"(《论国文的趋势及国文与外国语及科学之关系》)都是广义的。一般所谓"应用文"却是狭义的,指公文、书信、电报、商业文件等。那些都有一定的程式。程式为求经济,求确当,是一种经验的传统,渗透在我们所谓应用的文言里。学会了应用的文言,学那些程式便不难。应用的文言才是真正的基础。所以我们特别推荐这部书。

三

蔡先生名元培,字子民,浙江省绍兴县人,死时年七十四岁。本书里的传略,是江西黄世晖先生记的。黄先生是蔡夫人家里人,记得很确实,虽说是"传略",却也够详的。蔡先生曾做到清廷的翰林院编修,后来尽力教育,运动革命,又到德国游学。辛亥革命后,回国任教育总长。他觉得当时的总统袁世凯不能合作,不久便辞职再到德国游学。后来又到法国游学,并帮助李石曾先生等办留法俭学会,组织华法教育会。民国六年回国任北京大学校长。五四运动,辞职出京,不久又回任。过了一年多,便出国考察,从此没有回北京大学。国民革命后,任大学院院长。后来改任中央研究院院长,直到去年逝世时止。本书出版在民国九年，所以传略只记到北京大学校长时代。统观蔡先生的一生事业，可以说他是一个革命家，又是一个教育家。辛亥以前，他是革命家。那时虽也尽力教育，却似乎只将教育当手段，达到革命的目的。传略里说他以为戊戌变法康、梁"所以失败，由于不先培养革新之人才，而欲以少数人弋取政权，排斥顽旧，不能不情见势绌。此后北京政府无可希望，故抛弃京职，而愿委身于教育"（五面）。可见他的动机是在那里。他办教育，提倡民权（参看五面，八面，九面），提倡进化论（参看六面），提倡俄国的虚无主义（参看一四面，一七面）。但他当时虽以教育为手段，却真相信教育的永久的价值。他的游学便为的是充实自己的教育。他在德国研究哲学、文明史等，尤其注重实验心理学和美学。曾进实验心理学研究所参加实验工作（一九面、二四面）。他倾向哲学，而对于科学的训练也不忽略。辛亥以后，他是教育家。他特别提倡公民道德的教育，以及世界观教育、美感教育（《对于教育方针之意见》）。他提倡中西文化的沟通，而特别注重欧化（参看第四类各篇）。他办大学，主张纯粹研究学问，思想自由（参看《北京大学开学式之演说》、《北京大学月刊发刊词》等）。对于中学，反对文理分科，主张"高等普通"的教育（《德国分科中学之说明》）。他又提倡工学（参看《工业互助团的大希望》等），提倡平民教育（参看《在平民夜校开学日的演说》等）。他不但是个理想家，并且是个实行家。这些主张都曾相当的实现，留下强大的影响。他尤其注重砥砺德行，提倡进德会，《华工学校讲义》里有三十篇论德育，以及提倡公民道德的教育，是他一致的态度。他是个躬行实践的人，能做到他所说的，他的话是有重量的。

蔡先生虽做过翰林院编修，但在欧洲研究考察得很久，对于西洋文化认识得很清楚。他看出中国必须欧化，他说：

　　吾国古代文明,有源出巴比仑之说,迄今尚未证实。汉以后,天方、大秦之文物,稍稍输入矣,而影响不著。其最著者,为印度之文明。汉季,接触之时代也;自晋至唐,吸收之时代也。吾族之哲学、文学及美术,得此而放一异彩。自元以来,与欧洲文明相接触,逾六百年矣,而未尝大有所吸收,如球茎之植物,冬蛰之动物,恃素所贮蓄者以自赡。日趋羸瘠,亦固其所。至于今日,始有吸收欧洲文明之机会;而当其冲者,实为我寓欧之同人。(《文明之消化》)

又说:

　　西人之学术所以达今日之程度者,自希腊以来,固已积二千馀年之进步而后得之。吾先秦之文化无以远过于希腊,当亦吾同胞之所认许也。吾与彼分道而驰,既二千馀年矣,而始有羡于彼等所等(得)之一,则循自然公例,取最短之途径以达之可也。乃曰吾必舍此捷径,以二千馀年前之所诣为发足点,而奔轶绝尘以追之,则无论彼我速率之比较如何,苟是由是而彼我果有同等之一日,我等无益于世界之耗费,已非巧历所能计矣。不观日本之步趋欧化乎,彼固取最短之径者也。行之且五十年,未敢曰与欧人达同等之地位也。然则吾即取最短之径以往,犹惧不及,其又堪迂道焉?(《学风杂志发刊词》)

四

　　他主张欧化,而且主张急起直追的欧化。他也提到中印文化对于欧洲的影响(三六一面),也提到东西文化的媒合(四○二面),但他总"觉得返忆旧文明的兴会,不及欢迎新文明的浓至"(四〇三面)。——蔡先生所谓"文明"似乎和"文化"同一意思。——他尤其倾慕法国的文化,因为法国没有"绅民阶级,政府万能,宗教万能等观念"(三七八面),而"科学界之大发明家,多属于法,德人则往往取法人所发明而更为精密之研究","法人科学程度,并不下于德人"(三七八面,三七九面)。

蔡先生信仰法国革命时代所标揭的自由、平等、博爱三大义(参看一九一面,三七三面),加上哲学、科学、美学,便见出他的一贯的思想。他说人生观必得有世界观作根据:

> 世界无涯涘也,而吾人乃于其中占有数尺之地位。世界无终始也,而吾人乃于其中占有数十年之寿命。世界之迁流如是其繁变也,而吾人乃于其中占有少许之历史。以吾人之一生较之世界,其大小久暂之相去既不可以数量计,而吾人一生又决不能有几微遁出于世界以外。则吾人非先有一世界观,绝无所容喙于人生观。(《世界观与人生观》)

有本体世界,有现象世界。本体世界是世界的本性或本质,是哲学或玄学研究的对象。现象世界是我们感觉的世界。现象世界"最后之大鹄的"是"合世界之各分子息息相关,无复有彼此之差别"(三八至三九面)。但这个大鹄的须渐渐达成,大地的进化史便显示着向这个大鹄的的路:

> 统大地之进化史而观之,无机物之各质点,自自然引力外,殆无特别相互之关系。进而为有机之植物,则能以质点集合之机关共同操作,以行其延年传种之作用。进而为动物,则又于同种类间为亲子朋友之关系,而其分职通功之例视植物为繁。及进而为人类,则由家庭而宗

族,而社会,而国家,而国际,其互相关系之形式既日趋于博大,而成绩所留,随举一端,皆有自阂而通,自别而同之趋势。……昔之同情,及最近者而止耳。……今则四海兄弟之观念为人类所公认。……夫已往之世界,经其各分子经营而进步者其成绩固已如此,过此以往,不亦可比例而知之欤?(同上)

那个大鹄的便是大同主义,进化史便是大同主义的发展。蔡先生的大同的理想,来源不止一个,"博爱"的信念无疑的给了他很大的影响。他曾引孔子的话"圣人以天下为一家,中国为一人",子夏的话"四海之内皆兄弟",张载的话"民吾同胞",以为"尤与法人所唱之博爱主义相合"(三七四至三七五面),可以为证。

蔡先生既从进化史里看出"人类之义务,为群伦不为小己",他又看出人类之义务,"为将来不为现在"(四二面):

自进化史考之……人满之患虽自昔借为口实,而自昔探险新地者率生于好奇心,而非为饥寒所迫。南北极苦寒之所,未必于吾侪生活有直接利用之资料,而冒险探极者踵相接。由椎轮而大辂,由桴槎而方舟,足以济不通矣,乃必进而为汽车,(即火车)汽船及自动车(即汽车)之属。近则飞机飞艇更为竞争之的。其构造之初必有若干之试验者供其牺牲,而初不以及身之不及利用而生悔。文学家美术家最高尚之著作,被崇拜者或在死后,而初不以及身之不得信用而辍业。用以知:为将来而牺牲现在者,又人类之通性也。(同上)

他又看出人类之义务"为精神之愉快,而非为体魄之享受"(四二面):

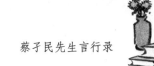

　　人生之初,耕田而食,凿井而饮,谋生之事至为繁重,无暇为高尚之思想。自机械发明,交通迅速,资生之具日趋于便利。循是以往,必有菽粟如水火之一日,使人类不复为口腹所累,而得专致力于精神之修养。今虽尚非其时,而纯理之科学,高尚之美术,笃嗜者固已有甚于饥渴,是即他日普及之朕兆也。科学者,所以祛现象世界之障碍,而引致于光明。美术者,所以写本体世界之现象,而提醒其觉性。人类精神之趋向既毗于是,则其所达到之点,盖可知矣。(同上)

美术虽用现象世界作材料,但能使人超越利害的兴趣,对于现象世界无厌弃也无执着,只有浑然的美感。这就是"与造物为友",这就接触到本体世界了(参看一九八面,二七三面)。所谓"写本体世界之现象而提醒其觉性",便是这番意思。

五

　　蔡先生提倡哲学、科学、美术,便因"为将来"、"为精神之愉快"是人类之义务。他以为哲学、科学、美术的研究是大学的责任。但这种研究得超越利害的兴趣才成。他说:"大学为纯粹研究学问之机关,不可视为养成资格之所,亦不可视为贩卖知识之所。学者当有研究学问之兴趣,尤当养成学问家之人格。"(二九六面)要做到这地步,首先得破除专己守残的陋见:

　　吾国学子,承举子文人之旧习,虽有少数高才生知以科学为单纯之目的,而大多数或以学校为科学,但能教室听讲,年考及格,有取得毕业证书之资格,则他无所求。或以学校为书院,暖暖姝姝,守一先生之言而排斥其他。于是治文学者,恒蔑视科学;而不知近世文学全以科学为基础。治一国文学者,恒不肯兼涉他国;不知文学之进步,亦有资于比较。治自然科学者,局守一门,而不肯稍涉哲学;而不知哲学即科学之归宿,其中如自然哲学一部,尤为科学家所需要。治哲学者以能读古书为足用,不耐烦于科学之实验;而不知哲学之基础不外科学,即最超然之玄学,亦不能与科学全无关系。(《北京大学月刊发刊词》)

这是说大学要养成通才。要养成通才,还得有思想自由:

> 大学者,囊括大典,网罗众家之学府也。《礼记·中庸》曰"万物并育而不相害,道并行而不相悖",足以形容之。如人身然,官体之有左右也,呼吸之有出入也,骨肉之有刚柔也,若相反而实相成。各国大学,哲学之惟心论与惟物论,文学美术之理想派与写实派,计学(经济学)之干涉论与放任论,伦理之动机论与功利论,宇宙论之乐天观与厌世观,常樊然并峙于其中;此思想自由之通则,而大学之所以为大也。(同上)

还有,哲学、科学、美术"最完全不受他种社会之囿域,而合于世界主义",所以研究这些,足以增进世界的文化(三六〇面)。

思想自由之外,蔡先生最注意的是信仰自由。民国初年"论者往往有请定孔教为国教之议"(四五面)。蔡先生以为"孔子之说,教育耳、政治耳、道德耳。其所以不废古来近乎宗教之礼制者,特其从宜从俗之作用,非本意也"(四七面)。"而一宗教之中,可以包含多数国家之人民","国教亦不成名词"(四八面,四九面)。他说"各国宪法,均有信仰自由一条,所以解除宗教之束缚"(四七面)。信仰为什么该自由呢?

若夫信仰则属之吾心，与他人毫无影响，初无迁就之必要。昔之宗教本初民神话、创造万物、末日审判诸说，不合科学。在今日信者盖寡。而所谓与科学不相冲突之信仰，则不过玄学问题之一假定答语。不得此答语，则此问题终梗于吾心而不快。吾又穷思冥索而不得，则且于宗教哲学之中，择吾所最契合之答语，以相慰藉焉。孔之答语可也，耶之答语可也，其他无量数之宗教家、哲学家之答语亦可也。信仰之为用如此。既为聊相慰藉之一假定答语，吾必取其与我最契合者，则吾之决择有完全之自由，且亦不能限于现在少数之宗教。故曰，信仰期于自由也。(《在清华学校高等科演说词》)

蔡先生在另一处说："旧宗教之主义不足以博信仰。其所馀者，祈祷之仪式、僧侣之酬应而已。而人之信仰心，乃渐移于哲学家之所主张。"(四七面)可以跟这一段话互证。他并且更进一步，主张"以美育代宗教"：

无论何等宗教，无不有扩张己教攻击异教之条件。……宗教之为累，一至于此，皆激刺感情之作用为之也。鉴激刺感情之弊，而专尚陶养感情之术，则莫如舍宗教而易以纯粹之美育。纯粹之美育，所以陶养吾人之感情，使有高尚纯洁之习惯，而使人我之见，利己损人之思念，以渐消沮者也。盖以美为普遍性，决无人我差别之见能参入其中。食物之入我口者，不能兼果他人之腹；衣服之在我身者，不能兼供他人之温；以其非普遍性也。美则不然。即如北京左近之西山，我游之，人亦游之，我无损于人，人亦无损于我也。"隔千里兮共明月"，我与人均不得而私之。中央公园之花石，农事试验场之水木，人人得而赏之。埃及之金字塔、希腊之神祠、罗马之剧场，瞻望赏叹者若干人，且历若干年而价

值如故。各国之博物院,无不公开者,即私人收藏者之珍品,亦时供同志之赏览。各地方之音乐会演剧场,均以容多数人为快。所谓独乐乐不如与人乐乐,与寡乐乐不如与众乐乐,以齐宣王之惛,尚能承认之。美之为普遍性可知矣。且美之批评,虽间亦因人而异,然不曰是于我为美而曰是为美。是亦以普遍性为标准之一证也。美以普遍性之故,不复有人我之关系,遂亦不能有利害之关系。……则所以陶养性灵,使之日进于高尚者,固已足矣。又何取乎侈言阴骘,攻击异派之宗教,以刺激人心,而使之渐丧其纯粹之美感为耶?(《以美育代宗教说》)

蔡先生引孔子的"匹夫不可夺志",孟子的"大丈夫者,富贵不能淫,贫贱不能移,威武不能屈",说就是自由,古时候叫做"义"(一九一面),仁义礼智信的"义"便是这个(三一九面)。他又引这两句话说是坚忍(五二二面)。惟其坚忍,才能真自由。所以他又说"人之思想不缚于宗教,不牵于俗尚,而以良心为准,此真自由也"。各种自由都为了个性的发展(二五六面),但都有一定的程度。"自由者,就主观而言之也。然我欲自由,则亦当尊人之自由,故通于客观。"(一九一面)自由和放纵是不同的:

自由,美德也。若思想,若身体,若言论,若居处,若职业,若集会,无不有一自由之程度。若受外界之压制,而不及其度,则尽力以争之,虽流血亦所不顾,所谓"不自由毋宁死"是也。然若过于其度,而有愧于己,有害于人,则不复为自由,而谓之放纵。放纵者,自由之敌也。(《自由与放纵》)

蔡先生虽然信仰进化论,却不提倡互竞而提倡互助:

从陆谟克、达尔文等发明生物进化论后,就演出两种主义:一是说生物的进化全恃互竞,弱的竞不过,就被淘汰了,凡是存的都是强的,所以世界上止有强权,没有公理。一是说生物的进化全恃互助,无论甚(怎)么强,要是孤立了没有不失败的。但看地底发现的大鸟大兽的骨,他们生存时何尝不强,但久已灭种了。无论甚(怎)么弱,要是合群互助,没有不能支持(的)。但看蜂蚁也算比较的弱极了,现在全世界都有这两种动物。可见生物进化,恃互助不恃强权。(《黑暗与光明的消长》)

他最佩服克罗巴金的"互助论":

克氏集众说的大成,又加以自己历史的研究,于一千八百九十年公布动物的互助,于九十一年公布野蛮人的互助,九十二年公布未开化人的互助,九十四年公布中古时代自治都市之互助,九十六年公布新时代之互助,于一千九百零二年成书。于动物中,列举昆虫鸟兽等互助的证据。此后各章,从野蛮人到文明人,列举各种互助的证据。于最后一章,列举同盟罢工、公社、慈善事业,种种实例,较之其他进化学家所举"互竞"的实例更为繁密了。……克氏的互助主义,主张联合众弱,抵抗强权,叫强的永不能凌弱的。不但人与人如是,即国与国亦如是了。(《大战与哲学》)

承认"凡弱者亦有生存及发展之权利,与强者同,而且无论其为各人,为各民族,在生存期间,均有互助之义务",就是人道主义(三七三面),也是蔡先生所提倡的。

六

　　蔡先生的政治思想和经济思想都跟互助主义联系着。他不大谈政治,但我们可以看出,他主张人道主义,反对帝国主义。他论第一次欧洲大战,以为"与帝国主义及人道主义之消长,有密切关系","使协约方面而胜利,则必主张人道主义而消灭军国主义,使世界永久和平"。他说:"吾人既反对帝国主义,而渴望人道主义,则希望协约国之胜利也,又复何疑?"(五五面,五六面)协约国果然胜利了,他又说这是"武断主义消灭,平民主义发展"。"从美国独立,法国革命后,世界已增加了许多共和国。国民虽知道共和国的幸福,然野心的政治家,很嫌他不便。"大战中俄国已改为共和国了。大战停止,德国也要改共和国了。"这就是武断主义的末日,平民主义的新纪元了。"(八七至八八面)所谓"平民"的意思,便是"人人都是平等的"(二八二面)。平等只是破除阶级,"决非减灭个性"(二五三面)。说到破除阶级,就牵涉到蔡先生的经济思想。他的理想的社会是"各尽所能,各取所需"。各文中常常提及(一七五面,一七九面,三八六面,四六六面)。

　　　尽所能,便是工;不管他是劳力,是劳心,凡是有益于人类的生存、文化的进步的,都是。所需有两种:一是体魄上的需要,如衣食住等是。一是精神上的需要,如学术是。现在有一部分的人,完全不作工;有一部分的人,作了不正当的工;所以正当的工人不能不特别劳苦,延长他工作时间。而且除了正当的工人以外,都是靠着特殊的势力,把人类所需的,逾量攫取,逾量的消耗。所以正当的工人,要取所需,常恐不足。就是体魄上的需要勉强得到了,精神上的需要,或者一点没有。这不是

文化的大障碍么？我们要除去这个障碍,就要先来实行工学并进的生活。(《国外勤工俭学会与国内工学互助团》)

他感觉现在的经济组织不合理,"为了贫富不均,与财产权特别占有,不知牺牲了多少人的权利与生命"(四六六面)。他主张人人作工,"人不能为生而工,是为工而生的"(一七〇面)。"劳工神圣!""此后的世界,全是劳工的世界。"(一六八面,一六九面)他所谓劳工,兼包用体力的和用脑力的(一六八面,并参看上节),所以工学并重。工而且学才是新生活:

> 要是有一个人肯日日作工,日日求学,便是一个新生活的人;有一个团体里面的人,都是日日作工,日日求学,便是一个新生活的团体;全世界的人都是日日作工,日日求学,那就是新生活的世界了。(《我的新生活观》)

蔡先生的思想系统,大概如此。他的教育主张便以这个系统为根据。他说:

> 教育有二大别:曰隶属于政治者,曰超轶乎政治者。专制时代(兼立宪而含专制性质者言之),教育家循政府之方针以标准教育,常为纯粹之隶属政治者。共和时代,教育家得立于人民之地位以定标准,乃得有超轶政治之教育。(《对于教育方针之意见》)

他将军国民主义、实利主义、德育主义列为隶属于政治之教育,世界观、美育列为超轶政治之教育,说这五者都是今日之教育所不可偏废的(一九八面)。

他虽觉得今日之中国不能不采用军国民教育,原则上却并不以国家主义的军国民教育为然。他还反对绅士教育、宗教教育、资本家教育,而主张教育平等。教育平等,同时得兼顾个性的发展和群性的发展:

> 群性以国家为界,个性以国民为界,适于甲国者不必适于乙国。于是持军国民主义者,以军人为国民教育之标准。持贵族主义者,以绅士为标准。持教会主义者,以教义为标准。持实利主义者,以资本家为标准。个人所有者,为"民"权而非"人"权;教育家所行者,为"民权的"教育而非"人格的"教育。自人类智德进步,其群性渐溢乎国家以外,则有所谓世界主义若人道主义;其个性渐超乎国民以上而有所谓人权若人格。科学研究也、工农集会也、慈善事业之进行也,既皆为国际之组织,推之于一切事业将无乎不然。而个人思想之自由,则虽临之以君父,监之以帝天,囿之以各种社会之习惯,亦将无所畏葸而一切有以自申。盖群性与个性之发展,相反而适以相成,是今日完全之人格,亦即新教育之标准也。持个人的无政府主义者,不顾群性;持极端的社会主义者,不顾个性。是为偏畸之说,言教育者其慎之。(《教育之对待的发展》)

蔡先生对于语言文字的意见,很有独到的地方,值得详细研究一番。现在却只想介绍他自己的一些话。关于白话与文言的竞争,他断定"白话派一定占优胜。但文言是否绝对的被排斥,尚是一个问题"。照他的观察,"将来应用文一定全用白话,但美术文或者有一部分仍用文言"(一五六面)。应用文他又称为实用文:

> 实用文又分两种:一种是说明的。譬如对于一样道理,我的见解与

人不同,我就发表出来,好给大家知道。或者遇见一件事情,大家讨论讨论,求一个较好的办法。或者有一种道理,我已知道,别人还有不知道的,因用文章发表出来,如学校的讲义就是。一种是叙述的。譬如自然界及社会的现象,我已见到,他人还没有见到的,因用文章叙述出来,如科学的记述和一切记事的文章皆是。(《论国文的趋势及国文与外国语及科学之关系》)

应用文"止要明白与确实,不必加新的色彩,所以宜于白话"。司马迁记古人的事,改用今字。译佛经的人,别创一种近似白话的文体。禅宗的语录全用白话,宋儒也如此。"可见记载与说明,应用白话,古人已经见到,将来的人自然更知道了。"(一五六至一五七面)

美术文大约可分为诗歌、小说、剧本三类。小说从元朝起多用白话。剧本,元时也有用白话的,现在新流行的白话剧,更不必说了。诗歌如《击壤集》等,古人也用白话,现在有几个人能做很好的白话诗,可以料到将来是统统可以用白话的。但是美术有兼重内容的,如图画、造像等。也有专重形式的,如音乐、舞蹈、图画等。专重形式的美术,在乎支配均齐,节奏调适。旧式的五七言律诗与骈文,音调铿锵,合于调适的原则,对仗工整,合乎均齐的原则,在美术上不能说毫无价值。就是白话文盛行的时候,也许有特别传习的人。譬如我们现在通行的是楷书、行书,但是写八分的,写小篆的,写石鼓文或钟鼎文的,也未尝没有。将来文言的位置,也是这个样子。(《国文之将来》)

不过中学校或师范学校学生都是研究学问的,是将来到社会上做事的。"因

研究的学问的必要,社会生活上的必要",他们的国文应以实用为主(一四六面)。蔡先生这一个意见是很切实的,但当时学生都爱创作,都将工夫费在美术文的尝试上,成为风气,他的话没有发生影响。直到现在,大家渐能看出中等学校学生不训练应用文写作,便不能适应实际的需要,风气已在转变。蔡先生的话值得我们仔细吟味,我们佩服他的先见之明。

蔡先生以为白话文是自然的进化:

文章的开始,必是语体。后来为要便于记诵,变作整齐的句读,抑扬的音韵,这就是文言了。古人没有印刷,抄写也苦繁重,不得不然。孔子说言之不文,不能行远,就是这个缘故。但是这种句调音调,是与人类审美的性情相投的,所以愈演愈精,一直到六朝人骈文,算是登峰造极了。物极必反,有韩昌黎,柳柳州等提倡古文,这也算文学上一次革命,与欧洲的文艺中兴一样。看韩柳的传志,很看得出表示特性的眼光与手段,比东汉到唐初的碑文进步得多了。这一次进步,仿佛由图案画进为山水画实物画的样子,从前是拘定均齐节奏与颜色的映照,现在不拘拘此等,要按着实物实景来安排了。但是这种文体,传到宋元时代,又觉得与人类的性情不能适应。所以又有《水浒》、《三国演义》等语体小说与演义。罗贯中的思想与所描写的模范人物,虽然不见得高妙,但把他所描写的同陈承祚的原文或裴注所引的各书对照,觉得他的文体是显豁得多。把《水浒》同唐人的文言小说比较,那描写的技能,更显出大有进步。这仿佛西洋美术从古典主义进到写实主义的样子,绘影绘光,不像从前单写通式的习惯了。但是许多语体小说里面,要算《石头记》是第一部。……《石头记》是北京语,虽不能算是折衷的说体,但是他在文学上的价值,是没有别的书比得上他。(《在国语讲习所的演

说》)

蔡先生主张"折衷的语体",说现在通行的白话文就是这一体,这也就是吴稚晖先生所谓"近文的语"。蔡先生以为国语便该以此为标准,"决不能指定一种方言"(一六〇面):

> 用哪一语言作国语?有人主张用北京语。但北京也有许多土语,不是大多数通行的。有主张用汉口话的(章太炎)。有主张用河南话的,说洛阳是全国的中心点。也有主张用南京话的,俗语有"蓝青官话"的成语,"蓝青"就是南京。也有主张用广东话的,说是广东话声音比较的多。但我们现在还没有一种方言比较表,可以指出哪一地方的话是确占大多数,就不能武断用哪一地方的。且标准地方最易起争执,即如北京是现在的首都,以地方论,比较的可占势力,但首都的话不能一定有国语的资格。德国的语言是以汉堡一带为准,柏林话算是土话。北京话没有入声,是必受大多数反对的。(同上)

后来政府公布以北平语为国语,但是通行的白话文还只是所谓"近文的语",直到如今。

七

蔡先生在民国纪元前十年就已注意"文变",他选了一个总集,就用这两个词作名字。序言道:

先儒有言,"文以载道"。道不变也,而见道之识,随世界之进化而屡变;则载道之书,与夫载道之言之法,皆不得不随之而变。……自唐以来,有所谓古文专集,繁矣。拔其尤而为纂录,评选之本,亦不鲜。自今日观之,其所谓体格,所谓义法,纠缠束缚,徒便摹拟,而不适于发挥新思想之用;其所载之道,亦不免有迂谬窒塞,贻读者以麻木脑筋,风痹手足之效者焉。……不揣固陋,搴当世名士著译之文,汇为一册,而先哲所作于新义无忤者,亦间录焉。读者寻其义而知世界风会之所趋,玩其文而知有曲折如意应变无方之效用,以无为三家村夫子之头巾气所范围,则选者之所厚望焉尔。

"新义"便是那"随世界之进化而屡变"的"见道之识","曲折如意,应变无方"便是那随见到之识而变的"载道之书与夫载道之言之法"。清末文体的变化从"新名词"起头。新事物新知识输入了,带来了大批新词汇,就是所谓新名词。古文里还可以不用这些新名词;用的大概只为了好奇。但是应用的文言里便无法避免。从前应用的文言跟古文原没有多大差别,只不打起调子,不做作情韵就是了。自从新名词夹杂到应用的文言里以后,应用的文言跟古文的差别便一天大似一天。古文家虽然疾首蹙额,只落得无可奈何。到了梁启超先生,提倡"新文体"(详见他的《清代学术概论》),不但用新名词,还用新句调。新文体风靡一时,古文反倒黯淡起来。梁先生的新文体,"笔锋常带情感"(见同书),又多用典故。他的情感是奔放的,跟古文里的蕴藉的情韵迥乎不同。因为情感奔放达意便不免有粗疏的地方。而一般读者在古典的训练上下的工夫,也渐渐不能像从前人那样深厚,对于那些典故,往往不免茫然。我们所谓一般读者,是以中等学校毕业生为标准。本书所收的蔡先生的文言,都是应用的文言,也是新文体之一。但只重达意的清

切,不带感情,又不大见典故,便更合用些。白话文兴起以来,古文的势力越见衰微,真可以说不绝如缕。应用的文言暂时还能生存,却都只以达意清切为主;这一体差不多成了文言的正宗。而本书的文言正是当行的样本。

本书正编里的文字大部分因事而作,自由发挥的极多。附录的《华工学校讲义》四十篇却可以说全是自由发挥的。因事而作的文字,贴切事情是第一着。如《就任北京大学校长演说词》,可说的话很多,所谓千头万绪。但蔡先生只举出三件事告学生:一曰抱定宗旨,二曰砥砺德行,三曰敬爱师友。又举出所计画的两件事:一曰改良讲义,二曰添购书籍。这些都针对着当时北京大学的缺点说话,虽然并不冠冕堂皇,却切实有重量。但如"勤工俭学传序",原传各自成篇,一一的贴着说,便不能成为一篇序。于是只可先行概论勤工俭学,次说勤工俭学会,最后说到传。作传的用意本在鼓起勤工俭学的兴会,先从概论入手,也还是贴切的。不过说到传的部分就不能再作概括语。原文道:

> 其(李石曾先生)所演述,又不仅据事直书,而且于心迹醇疵之间,观察异同之点,悉之(?)以至新至正之宗旨,疏通而证明之,使勤工俭学之本义,昭然揭日月而行,而不致有歧途之误,意至善也。

这便贴切各篇,跟前面的概论部分相调剂相匀称了。接着道:"余既读其所述樊克林敷来尔卢梭诸传,甚赞同之,因以所见述勤工俭学会之缘起及其主义,以为之序。"勤工俭学会是枢纽,概论部分是它的缘起和主义,并非泛泛落笔,传的部分是它的例证或模范人物。这样,全篇便都贴切事情了。

贴切事情的另一面是要言不烦,得扼要,才真贴切。还就上引两例看。第一例"抱定宗旨"项下道:"外人每指摘本校之腐败,以求学于此者,皆有做

官发财思想。故毕业预科者，多入法科，入文科者甚少，入理科者尤少。盖以法科为干禄之终南捷径也。"全节只就这一义发挥下去。"砥砺德行"项下道："为诸君计，莫如以正当之娱乐，易不正当之娱乐，庶于道德无亏，而于身体有益。"指给学生砥砺德行的一条积极的路。第二例论勤工的"勤"和俭学的"俭"道：

> 现今社会之通工易事，乃以工人之工作，取得普遍之价值，而后以之购吾之所需。两者之间，往往不能得平均之度；于是以吾工之所得，易一切之需要，当惴惴然恐其不足焉。吾人于是济之以勤。勤焉(也)者，冀吾工之所得，倍蓰于普通，而始有馀力以求学也。俭勤之度终有际限，而学之需要或相引而日增，则其道又穷。吾人于是又济之以俭。俭焉(也)者，得由两方而实行之。一则于吾人之日用，务撙节其不甚要者，使有以应用于学而不匮。……一则于学问之途，用其费省而事举者。……

这种勤俭是有特殊性的，跟一般的勤俭不尽同。第一例里的"抱定宗旨"、"砥砺德行"也是有特殊性的，而"抱定宗旨"一项尤其如此。指出事情的特殊性，而不人云亦云，是扼要；能扼要，贴切才算到家。贴切是纲，扼要是目。

得体是贴切的另一目。得体是恰合分际的意思。一方面得恰合说话人或作者的身份，一方面得恰合话中人或文中人的身份，一方面也得恰合听话人或读者的身份。不亢不卑，不骄不谄，称赞人得给自己留地步，责备人得给人家留地步，这才成。如"北京大学授与班乐卫氏等名誉学位礼开会辞"第二段道：

北京大学第一次授与学位,而受者为班乐卫先生,可为特别纪念者有两点:第一,大学宗旨,凡治哲学文学及应用科学者,都要从纯粹科学入手。治纯粹科学者,都要从数学入手。所以各系次序,列数学为第一系。班乐卫先生为世界数学大家,可以代表此义。第二,……北京大学既设在中国,于世界学者共通研究之对象外,对于中国特有之对象,尤负特别责任。班乐卫先生最提倡中国学问的研究,又可以代表此义。

　　第一点,"凡治哲学、文学及应用科学者,'都'要从纯粹科学入手"不一定是普遍的真理,但"大学宗旨"不妨如此。从此落到班乐卫氏身上,便很自然。一方面提出"大学宗旨",也见出大学校长的身份。第二点不但给自己占身份,同时更给北京大学和中国占身份。又如"法政学报周年纪念会演说辞"第二段道:

　　　　兄弟将贵报第一期翻阅,见刘先生及高先生的发刊词,都是对于社会上看不起法政学生发出一番感慨。社会上所以看不起法政学生,也有原故的。但观一年来的法政学报,也可以去从前的病根了。

　　接着两段都说社会上看不起法政学生的原故,又接着一段说他自己"两年前到北京的时候,还受了外来的刺激,对于法政学生,还没有看得起他"。他说他"常时对法科学生,已经揭穿这个话了"。话到这里才拐弯,下一段便道:"后来兄弟读了贵报的发刊词,见得怎么的痛心疾首(?),才晓得诸君的一番自觉。兄弟以为这就是可以一洗从前法政学生的污点了。……法政学生能出学报,就是把从前的病根都除去了。"社会上看不起法政学生是当时的事实,蔡先生看不起法科学生的话是"两年前"的事实(参看前引"就任北

125

京大学校长演说词",那儿他只说"外人每指摘"云云,为的是顾到学生的身份)。他不愿抹杀一般事实,更不愿抹杀自己的话。好在《法政学报》的发刊词里曾经提到那一般的事实,他就索性发挥一下。但他既肯参加这纪念会,这会多少总有些意义的。意义便在"法政学生能办学报"这一点上。他指出法政学生确有这些那些污点或病根,可只是"从前"如此。只"从前"一个词便轻轻的将种种的污点或病根开脱了,给他自己、法政学生和听众,都留下了地步,占住了身份。

又如《致公言报并答林琴南君函》里道:

> 公所举"斥父母为自感情欲,于己无恩",谓随园文中有之。弟则忆《后汉书·孔融传》,路粹枉状奏融有曰:"前与白衣祢衡跌荡放言云,父之于子,当有何亲?论其本意,实为情欲发耳。子之于母,亦复奚为?譬如寄物瓶中,出则离矣。"孔融、祢衡并不以是损其声价,而路粹则何如者?且公能指出谁何教员,曾于何书、何杂志,述路粹或随园之语,而表其极端赞成之意者?

林氏只知父母于己无恩一说见于袁枚文中,不知早已见于《后汉书》。蔡先生引《孔融传》见出林氏的陋处。北大教员并无"述路粹或随园之语,而表其极端赞成之意者",而林氏云云。蔡先生引路粹枉奏孔融、祢衡的话,说:"孔融、祢衡并不以是损其声价,而路粹则何如者?"路粹诬人,林氏也诬人,诬人的只是自损声价罢了。这两层都是锋利的讽刺,但能出以婉约,便保存着彼此的身份。又如"燕京大学男女两校联欢会的演说"首段道:

> 今日我承司徒校长招与男女两校联欢会。我知道这个会是为要实

行男女同校的预备。我得参与,甚为荣幸,甚为感谢。但秩序单上却派我作北京男校的代表。我要说句笑话,我似乎不好承认。为什么呢?因为我有几个关系的学校,都不是专收男生的。……这几个学校,可以叫作男校么?

第二段说"大学本来没有女禁"。末段却道:

　　所以我的本意,似乎不必有男校女校的分别。但燕京大学,历史的演进,校舍的限制,当然男女分校。就是北京的学校,事实上大都是男女分校的。况且今日代表北京女校的毛夫人,已经演说过了。我的不肯承认男校代表,只好算一句笑话。我现在仍遵司徒校长之命,代表北京男校敬致祝贺之意。

用了"一句笑话"、"历史"、"事实"等等,既表明了自己主张,又遵了主人的命,人我兼顾,可以说是"曲折如意、应变有方"的辞令。

八

作文或演说一般都以受过中等教育的人为对象。有时候对象是教育程度较低的人,便得降低标准,向浅近处说去。这件事并不易,得特别注意选用那些简明的词汇和句调,才能普及。本书里如《黑暗与光明的消长》、《洪水与猛兽》、《劳工神圣》、《北京大学校役夜班开学式演说》、《平民夜校开学日的演说》、《我的新生活观》等篇,词汇和句式都特别简明,大约都是为了普及一般民众的。其中只有第三篇是文言,别的都是白话。一般的说,白话比

较文言容易普及些;但许多白话文,许多演说,一般民众还不能看懂听懂,也
是事实,所以也需要特别注意。这几篇里,《劳工神圣》影响最大,许多种中
学国文教科书里都选录。读者将这几篇跟别些篇仔细比较,可以知道普及
一般民众的文字或演说怎样下手。《华工学校讲义》四十篇是给华工读的,
也该是普及的文字;但因为是讲义,有人教,所以普及之中兼有提高作用。
各文中常常引证经史,便是为此。讲义里,德育三十篇以公德为主,智育十
篇其实关系美育的居大多数,这两者可以说原是欧化。蔡先生却引证经史,
一方面是沟通中西文化,使华工感觉亲切些,也使他们不至于忘本,另一方
面是使他们接触些古典,可以将文字的修养提高些。

这四十篇可以算是自由发挥的文字,跟《世界观与人生观》、《哲学与科
学》、《大战与哲学》、《美术的起源》、《教育之对待的发展》、《文明之消化》等
篇相同。这种自由发挥的文字,得特别注意层次或条理。语言文字都得注
意层次或条理,但如那些因事而作的文字,有"事"管着,层次或条理似乎容
易安排些,不至于乱到哪儿去。这种自由发挥的文字,自由较多,便容易有
泛滥无归、轻重倒置,以及琐碎纷歧等毛病——长篇尤其如此。所以得特别
注意。本书文字,可以说都没有这些毛病。在自由发挥的一类中,如《世界
观与人生观》、《哲学与科学》、《美术的起源》(最长)等篇,题材都很复杂,而
蔡先生说来却头头是道。——因事而作的一类中,层次谨严或条理完密的
更多。——这就见出他分析的力量。他的分析的力量又表现在分辨意义
上。《华工学校讲义》德育类从《文明与奢侈》直到最末的《有恒与保守》止,
共十六篇,差不多每篇都在分辨两个相似而不同的、容易混淆的词的意
义——《理信与迷信》也是分析"信"这个词的意义的,只有"尚洁与太洁"是
例外。有些词的意义的分辨,影响人的信念和行为很大(特别是那些抽象名
词),从这十几篇里可见。一方面分析词义也是一种不可少的文字的训练,

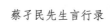
可以增进了解和写作的确切。这四十篇讲义都是蔡先生本人精心结撰的，中学生为了学习文言，该先细读了这些，再读别的。

本书各文虽然常有引证的地方，而作为技巧的典故，用的却极少。比喻是用的，如《黑暗与光明的消长》、《洪水与猛兽》等题目，以及《教育之对待的发展》和《坚忍与顽固》（华工学校讲义）的头一段等，可是也少。蔡先生的文字原只注重达意的清切，少用典故，少用比喻，都是为了清切。比喻有时也可以帮助传达那些不经常的意思，可还是表示情感的作用大。梁启超先生的新文体，用比喻就很多，"笔锋常带情感"，这是一个因子。本书《教育之对待的发展》头一段道：

> 吾人所处之世界，对待的世界也。磁电之流，有阳极则必有阴极，植物之生，上发枝叶，则下茁根荄：非对待的发展乎？初民数学之知识，自一至五而已；及其进步，自五而积之，以至于无穷大；抑亦自一而折之，以至于无穷小：非对待的发展乎？古人所观察之物象，上有日月星辰，下有动植水土而已；及其进步，则大之若日局之组织，恒星之光质，小之若微生物之活动，原子电子之配置，皆能推测而记录之：非对待的发展乎？

第二段第一句接着道，"教育之发展也亦然"。三排比喻跟着复沓的三个诘问句都为的增强"吾人所处之世界，对待的世界也"一句话的力量。接连抛掷三层排语，逼得人不能不信这句话。这种比喻的作用在表示信念，表示情感。这种作风显然是梁先生新文体的影响。但本书这种例子极少。蔡先生用比喻，还是帮助达意的较多。如《对于教育方针之意见》里有一段道：

譬之人身：军国民主义，筋肉也，用以自卫；实利主义，胃肠也，用以营养；公民道德者，呼吸机、循环机也，周贯全体；美育者，神经系也，所以传导；世界观者，心理作用也，附丽于神经系，而无迹象之可求。此即五者不可偏废之理也。（参看前引《北京大学月刊发刊词》）

这五者相关的情形是不经常的理，必得用一些具体的比喻表明，才可以想象得之。这种比喻是为了增加知识，不是为了增强情感，跟上一例的分别，细心人不难看出。蔡先生的文字既不大用典故，又不大用比喻，只求朴实简明，我们可以套用吴稚晖先生的调子，说是"近语的文"。近语的文，或文求近语，便是现在文言的趋势。

本书各篇偶有不熟练的词句（以白话文里为多），上引各条中有些括弧问号和括弧字，可见一斑。此外如："应用文，不过记载与说明两种作用。前的是要把……后的是要把……"（一五六面）两"的"字该是"者"字。又："近来有人对于第三位代名词，一定要分别，有用她字的，有用伊字的。但是觉得这种分别的是没有必要。"（一六三面）末句，"的"移到句末，便合文法了。又："甚至有写封信还要请人去写。"（二八二面）或删"有"字，或改"有"字为"于"字，或在句末加"的"字。文言如："以后处世，即使毫无权利，则义务亦在所应尽。"（四一六面）"则"字宜删去。别的还有些，读者可以自己留心去分辨。这些地方大概是拟稿人或记录人的责任，蔡先生复阅的时候大概也看漏了。白话文错误的地方较多，该是因为那时期白话文刚在发展，一般人还读得少，写得少的原故。

胡适文选

一

　　本书是三集《胡适文存》的选本,选者是胡先生自己。上海亚东图书馆印行,民国十九年十二月初版,二十二年二月三版。本篇便根据三版的本子。本书后方极少见,究竟已经出到几版,现在还不能查出。这部选本是特意预备给少年人读的,胡先生自己说得明白:

　　　　我在这十年之中,出版了三集《胡适文存》,约计有一百四五十万字。我希望少年学生能读我的书,故用报纸印刷,要使定价不贵。但现在三集的书价已在七元以上,贫寒的中学生已无力全买了。字数近百五十万,也不是中学生能全读的了。所

以我现在从这三集里选出了二十二篇论文,印作一册,预备给国内的少年朋友们作一种课外读物。如有学校教师愿意选我的文字作课本的,我也希望他们用这个选本。(《介绍我自己的思想》,一面)

这个选本里的二十二篇论文代表胡先生各方面的思想。他顾念少年学生的财力和精力,苦心的从三集文存里选出了这二十二篇,足以代表他的各方面的思想的论文,成为这部文选,给少年学生作课外读物,并希望学校教师选他的文字,作课本的也用这个足以代表他的思想的选本。预备给少年学生读的书虽然不算少,好的却不多。本书是一部值得读的好书。现在我们介绍给高中学生,作为略读的书。书中论文,除第五组各篇有些也许略略深些之外,都合于高中学生的程度,相信他们读了可以得着益处。全书约二十二万字。

胡先生名适,号适之,安徽省绩溪县人,今年五十岁。他是美国哥伦比亚大学哲学博士,大思想家杜威先生的学生。回国后任国立北京大学教授多年,先后办《新青年》杂志、《每周评论》、《努力周报》、《独立评论》等。现任驻美大使。他有一本《四十自述》(原由新月书店出版,版权现归商务),是一本很有趣味的自传,可惜没有写完就打住。他的著作很多,这里只想举出一部分重要的,高中学生可以看懂的。《胡适文存》、《胡适文存二集》、《胡适文存三集》(亚东版),包括各方面的论文,是本书的源头。《中国古代哲学史》(原名《中国哲学史大纲》上卷,商务)是第一部用西洋哲学作"比较的研究"(参看三三二至三三四面)而写成的中国哲学史。《白话文学史》上卷(新月版,现归商务)是第一部专叙近于白话的文学的中国文学史。《尝试集》是第一部白话诗集。这些都可以说是划时代的著作,影响非常广大。还有他翻译的《短篇小说》(亚东版),也有广大的读众;差不多每种国文教科书

都选了的《最后一课》和《二渔夫》，便出在这个译本里。

　　胡先生是新文化运动的领袖之一。新青年时代他的影响最大。文学革命，他可以说是主帅。他的《文学改良刍议》（《文存》）实在是文学革命的第一声号角。在那篇论文里，他提出了他的"八不主义"（参看一九三至一九四面，又二三五至二三六面），是单从消极的破坏的一方面下手（一九三面）。后来又作《建设的文学革命论》（见本书）。但"这篇文章名为'建设的'，其实还是破坏的方面最有力"（二八七面）。胡先生说过："文学革命的运动，不论古今中外，大概都是从'文的形式'一方面下手，大概都是先要求语言、文字、文体等方面的大解放。……这一次中国文学的革命运动，也是先要求语言、文字和文体的解放。"（《谈新诗》第二段，《文存》）解放正是消极的破坏的工作。胡先生的大成功就在他的破坏的工作达到了那解放的目的。胡先生又是思想革命的一员大将。他用评判的态度"重新估定一切的价值"（五七面）；他拥护科学，提倡健全的个人主义，颂扬西洋的近代文明（参看《介绍我自己的思想》第二段、第三段）。这里建设的比破坏的多。可是他的最大的建设的工作还在整理国故上。《中国古代哲学史》、《白话文学史》，以及许多篇旧小说的考证，都是"用评判的态度、科学的精神，去做一番整理国故的工夫"（六七面）。这些对于旧有的学术思想给了一道新的光。胡先生"认定民国六年以后的新文化运动的目的是再造中国文明"（《介绍我自己的思想》，四面，参看正文六八面），以上种种便是他对于再造文明的贡献。但是他从办《努力周报》起，实际政治的兴趣渐渐浓厚。那时他的朋友有反对他的，有赞成他的。他曾经写过一篇《我的歧路》（《文存二集》），说明他的政治的兴趣不致妨碍他在学术思想方面的工作。不过《努力周报》还附刊"读书杂志"，《独立评论》却差不多是纯粹政治性的刊物，他显然偏向那一条路了。现在作了驻美大使，简直是在那一路上了。他在文学革命和整理国故

方面的功绩,可以说已经是不朽的;对于实际政治的贡献,目前还难以定论。

二

本书开端是《介绍我自己的思想》,胡先生专给本书写的。他说:

> 我选的这二十二篇文字,可以分作五组。
>
> 第一组六篇,泛论思想的方法。
>
> 第二组三篇,论人生观。
>
> 第三组三篇,论中西文化。
>
> 第四组六篇,代表我对于中国文学的见解。
>
> 第五组四篇,代表我对于整理国故问题的态度与方法。
>
> 为读者的便利起见,我现在给每一组作一个简短的提要,使我的少年朋友们容易明白我的思想的路径。(一至二面)

读本书,自然该从这一篇入手。胡先生在第一段里道:

> 我的思想受两个人的影响最大:一个是赫胥黎,一个是杜威先生。赫胥黎教我怎样怀疑,教我不信任一切没有充分证据的东西。杜威先生教我怎样思想,教我处处顾到当前的问题,教我把一切学说理想都看作待证的假设,教我处处顾到思想的结果。这两个人使我明了科学方法的性质与功用。(三面)

科学方法是胡先生的根本的思想方法;他用科学方法评判旧有的种种思想

学术以及东西文化,"重新估定一切的价值"。结果便是他的文存、哲学史、文学史等。——他创作白话诗,也是一种实验,也是"科学的精神",这是他的"文学的实验主义"(正文二三二面)。他又说作诗也得根据经验,这是他的"诗的经验主义"(见《尝试集》里《梦与诗》里的跋语)。在他,科学的精神真可以算得"一以贯之"。他编选这部书的用意,在篇尾说得很明白:

> 从前禅宗和尚曾说,"菩提达摩东来,只要寻一个不受人惑的人"。我这里千言万语,也只是要教人一个不受人惑的方法。被孔丘、朱熹牵着鼻子走,固然不算高明;被马克斯、列宁、斯大林牵着鼻子走,也算不得好汉。我自己决不想牵着谁的鼻子走。我只希望尽我微薄的能力,教我的少年朋友们学一点防身的本领,努力做一个不受人惑的人。

这个"不受人惑的方法"便是科学的方法,也便是赫胥黎和杜威先生所教人的。

赫胥黎教人怎样怀疑。怀疑是评判的入手处。胡先生在《新思潮的意义》里说"评判的态度含有几种特别的要求":

> 一、对于习俗相传下来的制度风俗,要问:"这种制度现在还有存在的价值吗?"

> 二、对于古代遗传下来的圣贤教训,要问:"这句话在今日还是不错吗?"

> 三、对于社会上糊涂公认的行为与信仰,都要问:"大家公认的,就不会错了吗? 人家这样做,我也该这样做吗? 难道没有别样做法比这个更好,更有理,更有益的吗?"(五七面)

这是怀疑,这是"不信任一切没有充分证据的东西"。存疑和怀疑不同,但"不信任一切没有充分证据的东西"的态度是从赫胥黎的存疑主义来的。胡先生道:

> 达尔文与赫胥黎在哲学方法上最重要的贡献,在于他们的"存疑主义"。存疑主义这个名词,是赫胥黎造出来的,直译为"不知主义"。孔丘说:"知之为知之,不知为不知,是知也。"这话确是存疑主义的一个好解说。但近代的科学家还要进一步,他们要问,"怎样的知,才可以算是无疑的知?"赫胥黎说,只有那证据充分的知识,方才可以信仰,凡没有充分证据的,只可存疑,不当信仰。这是存疑主义的主脑。(《演化论与存疑主义》,七面)

又道:

> 赫胥黎是达尔文的作战先锋,从战场上的经验里认清了科学的唯一武器是证据,所以大声疾呼的把这个无敌的武器提出来,叫人认为思想解放和思想革命的唯一工具。自从这个"拿证据来"的喊声传出以后,世界的哲学思想就不能不起一个根本的革命——哲学方法上的大革命。于是十九世纪前半的哲学实证主义就一变而为十九世纪末年的实验主义了。(同上,一二面)

杜威先生教人怎样思想。胡先生在《杜威先生与中国》里特别指出:

> 杜威先生不曾给我们一些关于特别问题的特别主张——如共产主

义，无政府主义，自由恋爱之类——他只给了我们一个哲学方法，使我们用这个方法去解决我们自己的特别问题。他的哲学方法，总名叫做"实验主义"。（一四面）

实验主义是存疑主义的影响所形成，它和存疑主义可以说是一贯的。杜威先生的实验主义分开来可作两步说：

一、历史的方法——"祖孙的方法"。他从来不把一个制度或学说看作一个孤立的东西，总把他看作一个中段：一头是他所以发生的原因，一头是他自己发生的效果；上头有他的祖父，下面有他的子孙。捉住了这两头，他再也逃不出去了！这个方法的应用，一方面是很忠厚宽恕的，因为他处处指出一个制度或学说所以发生的原因，指出他的历史的背景，故能了解他在历史上占的地位与价值，故不致有过分的苛责。一方面，这个方法又是最严厉的，最带有革命性质的，因为他处处拿一个学说或制度所发生的结果来评判他本身的价值，故最公平，又最厉害。这种方法是一切带有评判精神的运动，一个重要武器。

二、实验的方法。实验的方法至少注重三件事：（一）从具体的事实与境地下手；（二）一切学说理想，一切知识，都只是待证的假设，并非天经地义；（三）一切学说与理想都须用实行来试验过；实验是真理的唯一试金石。第一件（注意具体的境地），使我们免去许多无谓的假问题，省去许多无意义的争论。第二件（一切学理都看作假设），可以解放许多"古人的奴隶"。第三件（实验），可以稍稍限制那上天下地的妄想冥想。实验主义只承认那一点一滴做到的进步——步步有智慧的指导，步步有自动的实验——才是真进化。（一四至一六面）

胡先生指出"特别主张的应用是有限的，方法的应用是无穷的"（一六面)。

在《杜威论思想》里,胡先生说:"杜威的哲学基本观念是:'知识思想是人生应付环境的工具。'""杜威哲学的最大目的,只是怎样能使人类养成那种'创造的智慧',使人应付种种环境充分满意。换句话说,杜威的哲学的最大目的是怎样能使人有创造的思想力。"(一九面)"杜威所指的思想……有两大特性。(一)须先有一种疑惑困难的情境做起点。(二)须有寻思搜索的作用,要寻出新事物或新知识来解决这种疑惑困难。"(二〇面)"杜威论思想,分作五步说:(一)疑难的境地;(二)指定疑难之点究竟在什么地方;(三)假定种种解决疑难的方法;(四)把每种假定所涵的结果,一一想出来,看哪一个假定能够解决这个困难;(五)证实这种解决,使人信用,或证明这种解决的谬误,使人不信用。"(二一面)胡先生特别指出:

杜威一系的哲学家论思想的作用,最注意"假设"。试看上文所说的五步之中,最重要的就是第三步。……我们研究这第三步,应该知道这一步在临时思想的时候是不可强求的;是自然涌上来,如潮水一样,压制不住的;他若不来时,随你怎样搔头抓耳,挖尽心血,都不中用。……所以思想训练的着手工夫在于使人有许多活的学问知识。活的学问知识的最大来源在于人生有意识的活动。使(从)活动事业得来的经验,是真实可靠的学问知识。这种有意识的活动,不但能增加我们假设意思的来源,还可训练我们时时刻刻拿当前的问题来限制假设的范围,不至于上天下地的胡思乱想。还有一层,人生实际的事业,处处是实用,处处用效果来证实理论,可以养成我们用效果来评判假设的能力,可以养成我们实验的态度。养成了实验的习惯,每起一个假设,自然会推想到他所涵的效果,自然会来用这种推想出来的效果来评判原有的

假设的价值。这才是思想训练的效果,这才是思想能力的养成。(二八至二九面)

"创造的智慧"、"创造的思想力"主要的得靠"活的学问知识"养成。所以胡先生自己虽然只将赫胥黎、杜威的方法应用在文学革命和整理国故等等上,但他看见一班少年人跟着他们向故纸堆去乱钻,却以为"是最可悲叹的现状"。他"希望他们及早回头多学一点自然科学的知识与技术"。他说"那条路是活路,这条故纸的路是死路"(四八九面)。自然科学的知识是"活的学问知识";从自然界的实物下手,可以造成科学文明,工业世界(参看四八七面)。这便是胡先生所希望再造的文明。

三

胡先生的科学的精神是一贯的。他所信仰的新人生观(包括宇宙观)便是"建筑在二三百年的科学常识之上的一个大假设"(九四面)。他总括吴稚晖先生的"一个新信仰的宇宙观及人生观"(在《科学与人生观》里)的大意,加上一点扩充和补充,提出了这个新人生观的轮廓:

一、根据于天文学和物理学的知识,叫人知道空间的无穷之大。

二、根据于地质学及古生物学的知识,叫人知道时间的无穷之长。

三、根据于一切科学,叫人知道宇宙及其中万物的运行变迁皆是自然的、自己如此的——正用不着什么超自然的主宰或造物者。

四、根据于生物的科学的知识,叫人知道生物界的生存竞争的浪费与惨酷——因此,叫人更可以明白那"有好生之德"的主宰的假设是不

能成立的。

五、根据于生物学、生理学、心理学的知识,叫人知道人不过是动物的一种,他和别种动物只有程度的差异,并无种类的区别。

六、根据于生物的科学及人类学、人种学、社会学的知识,叫人知道生物及人类社会演进的历史和演进的原因。

七、根据于生物的及心理的科学,叫人知道一切心理的现象都是有因的。

八、根据于生物学及社会学的知识,叫人知道道德礼教是变迁的,而变迁的原因都是可以用科学方法寻求出来的。

九、根据于新的物理化学的知识,叫人知道物质不是死的,是活的;不是静的,是动的。

十、根据于生物学及社会学的知识,叫人知道个人("小我")是要死灭的,而人类("大我")是不死的,不朽的;叫人知道"为全种万世而生活"就是宗教,就是最高的宗教;而那些替个人谋死后的"天堂""净土"的宗教,乃是自私自利的宗教。(《科学与人生观序》,九二至九四面)

这种新人生观原可以算得"科学的人生观",但胡先生"为避免无谓的争论起见"。主张叫他做"自然主义的人生观"。"在那个自然主义的宇宙里,在那无穷之大的空间里,在那无穷之长的时间里,这个平均高五尺六寸,上寿不过百年的两手动物——人——真是一个貌乎其小的微生物了"。然而"这个渺小的两手动物却也有他的相当的地位和相当的价值。他用两手和一个大脑,居然能做出许多器具,想出许多方法,造成一点文化"(九四面)。"这个自然主义的人生观里,未尝没有美,未尝没有诗意,未尝没有道德的责任,未尝没有充分运用'创造的智慧'的机会"(九五面)。

胡先生虽然说小我是要死灭的,"但个人自有他的不死不灭的部分:他的一切作为,一切功德罪恶,一切语言行事,无论大小,无论善恶,无论是非,都在那大我上留下不能磨灭的结果和影响。""我们应该说,'说一句话而不敢忘这句话的社会影响,走一步路而不敢忘这步路的社会影响。'这才是对于大我负责任。能如此做,便是道德,便是宗教。"(《介绍我自己的思想》,一一至一二面,参看《不朽》)"这样说法,并不是推崇社会而抹煞个人。这正是极力抬高个人的重要。个人虽渺小,而他的一言一动都在社会上留下不朽的痕迹……这不是绝对承认个人的重要吗?"懂得个人的重要,便懂得胡先生在《易卜生主义》里所提倡的"一个健全的个人主义的人生观"(《介绍我自己的思想》,四面)。这和自然主义的人生观并不相反而相成。那文中引易卜生给他的朋友白兰戴的信道:

> 我所最期望于你的是一种真实纯粹的为我主义。要使你有时觉得天下只有关于我的事最要紧,其馀的都算不得什么。……你要想有益于社会,最好的法子莫如把你自己这块材料铸造成器。……有的时候我真觉得全世界都像海上撞沉了船,最要紧的还是救出自己。

胡先生说:"这便是最健全的个人主义。救出自己的唯一法子便是把你自己这块材料铸造成器。把自己铸造成器,方才可以希望有益于社会。真实的为我,便是最有益的为人。把自己铸造成了自由独立的人格,你自然会不知足,不满意于现状,敢说老实话,敢攻击社会上的腐败情形,做一个'贫贱不能移,富贵不能淫,威武不能屈'的斯铎曼医生。"(《介绍我自己的思想》,九面)他又很带情感的指出:

这个个人主义的人生观一面教我们学娜拉,要努力把自己铸造成个人,一面教我们学斯铎曼医生,要特立独行,敢说老实话,敢向恶势力作战。少年的朋友们,不要笑这是十九世纪维多利亚的陈腐思想!我们去维多利亚时代还老远哩。欧洲有了十八九世纪的个人主义,造出了无数爱自由过于面包,爱真理过于生命的特立独行之士,方才有今日的文明世界。(同上,九至一〇面)

这也是胡先生所希望再造的文明。

四

胡先生思想的间架大概如此。存疑主义和实验主义是他的方法论,自然主义和个人主义是他的人生观。但他不是空谈外来进口的偏向纸上的主义的人,他说主义应该和实行的方法合为一件事。他做到了他所说的。他指出:

凡"主义"都是应时势而起的。某社会,到了某时代,受了某种的影响,呈现某种不满意的现状。于是有一些有心人,观察这种现象,想出某种救济的法子。这是主义的原起。主义初起时,大都是一种救时的具体主张。后来这种主张传播出去,传播的人要图简便,便用一两个字来代表这种具体的主张,所以叫他做"某某主义"。主张成了主义,便由具体的计画,变成一个抽象的名词,主义的弱点和危险,就在这里。因为世间没有一个抽象名词能把某人某派的具体主张都包括在里面。(《问题与主义》,三三至三四面)

他曾在《每周评论》里说过:"现在舆论界的大危险,就是偏向纸上的学说,不去实地考察中国今日的社会需要究竟是什么东西。"又道:"舆论家的第一天职,就是细心考察社会的实在情形。一切学理,一切主义,都是这种考察的工具。有了学理作参考材料,便可使我们容易懂得所考察的情形,容易明白某种情形有什么意义,应该用什么救济的方法。"(三一至三二面引)所以他劝人:

> 多研究些具体的问题,少谈些抽象的主义。一切主义,一切学理,都该研究,但是只可认作一些假设的见解,不可认作天经地义的信条;只可认作参考印证的材料,不可奉为金科玉律的宗教;只可用作启发心思的工具,切不可用作蒙蔽聪明,停止思想的绝对真理。如此方才可以渐渐养成人类的创造的思想力,方才可以渐渐使人类有解决具体问题的能力,方才可以渐渐解放人类对于抽象名词的迷信。(《问题与主义》,五○面)

在《新思潮的意义》里,胡先生曾说新思潮的手段有两项:"一方面讨论社会上、政治上、宗教上、文学上种种问题。一方面是介绍西洋的新思想、新学术、新文学、新信仰。前着是研究问题,后者是输入学理。"(五九面)但是"新思潮运动的最大成绩差不多全是研究问题的结果。新文学的运动便是一个最明白的例。"(六二面)而"从研究问题里面输入的学理,最容易消除平常人对于学理的抗拒力,最容易使人于不知不觉之中受学理的影响"。所以他希望新思潮的领袖人物"能把一切学理应用到我们自己的种种切要问题上去,能在研究问题上面做输入学理的工夫,能用研究问题的工夫来提倡研究问题的态度"(六四面)。他说:"再造文明的下手工夫,是这个那个问题的

研究。再造文明的进行,是这个那个问题的解决。""文明不是拢统造成的,是一点一滴的造成的。进化不是一晚上拢统进化的,是一点一滴的进化的。"(六八面)

胡先生的贡献,大部分也在问题的研究上。文学革命是一些具体问题,整理国故也是一些具体问题,中西文化,问题与主义,都是一些具体问题。他讨论问题与主义,只因"当时(民国八年)承'五四'、'六三'之后,国内正倾向于空谈主义"(《介绍我自己的思想》,五面)。这问题"是与许多人有密切关系的"(六二面)。他讨论中西文化,也只为"今日最没有根据而又最有毒害的妖言是讥贬西洋文明为唯物的,而尊崇东方文明为精神的"(一三九面)。他说:

> 这本是很老的见解,在今日却有新兴的气象。从前东方民族受了西洋民族的压迫,往往用这种见解来解嘲,来安慰自己。近几年来,欧洲大战的影响使一部分的西洋人对于近世科学的文化起一种厌倦的反感,所以我们时时听见西洋学者有崇拜东方的精神文明的议论。这种议论,本来只是一时的病态的心理,却正投合东方民族的夸大狂;东方的旧势力就因此增加了不少的气焰。(《我们对于西洋近代文明的态度》,一三七面)

因此他觉得"不能没有一种鲜明的表示"(一三七面)。他研究的结果是这样:

> 东方的文明的最大特色是知足。西洋的近代文明的最大特色是不知足。

　　知足的东方人自安于简陋的生活,故不求物质享受的提高;自安于愚昧,自安于"不识不知",故不注意真理的发见与技艺器械的发明;自安于现成的环境与命运,故不想征服自然、只求乐天安命,不想改革制度;只图安分守己,不想革命,只做顺民。

　　这样受物质环境的拘束与支配,不能跳出来,不能运用人的心思智力来改造环境、改良现状的文明,是懒惰不长进的民族的文明,是真正唯物的文明。这种文明只可以遏抑,而决不能满足人类精神上的要求。

　　西方人大不然。他们说,"不知足是神圣的"。物质上的不知足产生了今日的钢铁世界、汽机世界、电力世界。理智上的不知足产生了今日的科学世界。社会政治制度上的不知足产生了今日的民权世界、自由政体、男女平权的社会、劳工神圣的喊声、社会主义的运动。神圣的不知足是一切革新、一切进化的动力。

　　这样充分运用人的聪明智慧来寻求真理以解放人的心灵,来制服天行以供人用,来改造物质的环境,来改革社会政治的制度,来谋人类最大多数的最大幸福——这样的文明应该满足人类精神上的要求;这样的文明,是精神的文明,是真正理想主义的文明,绝不是唯物的文明。(同上,一五四至一五五面)

　　因此他说我们自己要认错,我们必须承认我们自己不如人。"肯认错了,方才肯死心塌地的去学人家。"他说:"不要怕模仿,因为模仿是创造的必要预备工夫。"(《介绍我自己的思想》,一六面)

五

　　胡先生的文学革命论的基本观念是"历史的文学进化观念"(参看二二

四面)。他有一篇《历史的文学观念论》(见《文存》,本书未选)说得很详细:

> 居今日而言文学改良,当注重"历史的文学观念"。一言以蔽之曰:一时代有一时代之文学。此时代与彼时代之间,虽皆有承前启后之关系,而决不容完全抄袭;其完全抄袭者,决不成为真文学。……纵观古今文学变迁之趋势……白话之文学,自宋以来,虽见屏于古文家,而终一线相承,至今不绝。……岂不以此为吾国文学趋势自然如此,故不可禁遏而日以昌大耶?……吾辈之攻古文家,正以其不明文学之趋势,而强欲作一千年二千年以上之文。此说不破,则白话之文学无有列为文学正宗之一日,而世之文人将犹鄙薄之,以为小道邪径而不肯以全力经营造作之。……夫不以全副精神造文学而望文学之发生,此犹不耕而求获,不食而求饱也,亦终不可得矣。施耐庵、曹雪芹诸人所以能有成者,正赖其有特别毅力,能以全力为之耳。(《文学革命运动》引,二八三至三八四面)

这里最重要的是将白话文学当作中国文学正宗(参看《文学改良刍议》,《文存》,又本书二八三面引)。这一点他在《建设的文学革命论》里说得更明白:

> 自从三百篇到于今,中国的文学凡是有一些儿价值,有一些儿生命的,都是白话的,或是近于白话的。其馀的都是没有生气的古董,都是博物院中的陈列品!

这确是一个划时代的看法,即使欠公平些。他说:

死文言决不能产出活文学。中国若想有活文学,必须用白话,必须用国语,必须做国语的文学。(一九七面)

他在《尝试集》自序里道:

我们也知道单有白话未必就能造出新文学;我们也知道新文学必须要有新思想做里子。但是我们认定文学革命须有先后的程序:先要做到文学体裁的大解放,方可以用来做新思想、新精神的运输品。我们认定白话实在有文学的可能,实在是新文学的唯一利器。(《尝试集》自序,二三九面)

文学革命是得从"文学体裁的大解放"下手,真是一针见血。胡先生的大成功就在他能看出这个"先后的程序"。他和他的朋友们集中力量在这一步上,加上五四运动的影响,两三年间白话文的传播便已有一日千里之势(参看二九四至二九五面)。胡先生所谓"文学",范围是很广的。他主张"用白话作各种文学",说:"我们有志造新文学的人,都该发誓不用文言作文:无论通信、做诗、译书、做笔记、做报馆文章、编学堂讲义、替死人作墓志、替活人上条陈……都该用白话来做。"(二○四面)这里"文学"和"文"只是一个意义。"用白话作各种文学"也是解放文学体裁的工作。但是一节话中所举的"各种文学",除做诗和译书外,其实都是应用的文学;这种种文学体裁的解放却远在诗、小说戏剧、小品散文以及长篇议论文之后,直到近年才开始。胡先生自己大体上倒在照他所主张的做着,但就一般社会而论,这部分文体的解放工作还须要努力才能完成。

文体的解放究竟只是破坏的工作。胡先生的文学革命论"其实还是破

坏的方面最有力"(一八七面),他自己的评判没有错。但他的"建设的文学革命论"在"建设的"方面"也有一点贡献":

> 若要造国语,先须造国语的文学。有了国语的文学,自然有国语。……真正有功效有势力的国语教科书,便是国语的文学,便是国语的小说、诗文、戏本。国语的小说、诗文、戏本通行之日,便是中国国语成立之时。试问我们今日居然能拿起笔来做几篇白话文章,居然能写得出好几百个白话的字,可是从什么白话教科书上学来的? 可不是从《水浒传》、《西游记》、《红楼梦》、《儒林外史》……等书学来的吗? ……我们今日所用的"标准白话"都是这几部白话的文学定下来的。我们今日要想重新规定一种"标准国语",还须先造无数国语的《水浒传》、《西游记》、《儒林外史》、《红楼梦》。所以我以为我们提倡新文学的人,尽可不必问今日中国有无标准国语。我们尽可努力去做白话的文学。我们可尽量采用《水浒传》、《西游记》、《儒林外史》、《红楼梦》的白话,有不合今日用的,便不用他;有不够用的,便用今日的白话来补助,有不得不用文言的,便用文言来补助。这样做去,决不愁语言文字不够用,也决不用愁没有标准白话。中国将来的新文学用的白话,就是将来中国的标准国语。造中国将来白话文学的人,就是制定标准国语的人。(一九七至一九九面)

胡先生说:这篇文章把从前他和陈独秀先生的种种主张归纳到"国语的文学——文学的国语"十个字,"其实又只有'国语的文学'五个字。旗帜更明白了,进行也就更顺利了"(二八八面)。这话是不错的。他在破坏的解放文体的工作里安置了制造将来的标准国语的基石;这是建设的工作。

他首先指出"我们今日所用的标准白话"是怎样来的。在《文学革命运动》（这是《五十年来中国之文学》的末段，全文见《文存二集》）里他有更详细的说明：

> 这五百年之中，流行最广，势力最大，影响最深的书……乃是那几部"言之无文行之最远"的《水浒》、《三国》、《西游》、《红楼》。这些小说的流行便是白话的传播；多卖得一部小说，便添得一个白话教员。所以这几百年来，白话的知识与技术都传播的很远，超出平常所谓"官话疆域"之外。试看清朝末年南方作白话小说的人，如李伯元是常州人，吴沃尧是广东人，便可以想见白话传播之广远了。……中国国语的写定与传播两方面的大功臣，我们不能不公推这几部伟大的白话小说了。（二八○面）

这种"家喻户晓的《水浒》、《西游》文字"（二三三面）确是我们的新文学的基础，也是我们的标准国语的基础。但是：

> 一个时代的大文学家至多只能把那个时代的现成语言，结晶成文学的著作；他们只能把那个时代的语言的进步，作一个小小的结束；他们是语言进步的产儿，并不是语言进步的原动力。……至于民间日用的白话，正因为文人学者不去干涉，故反能自由变迁，自由进化。（《国语的进化》，二五八面）

自由变迁之中，"却有个条理次序可寻；表面上很像没有道理，其实仔细研究起来，都是有理由的"，"都是改良，都是进化！"（二五八面）"白话是古

文的进化呢？还是古文的退化呢？"——这个问题"是国语运动的生死关头！这个问题不能解决，国语文与国语文学的价值便不能确定"（二五二面）。惟其白话是进化的，它的应用的能力在不断的增加着，所以"国语的文学"才能成立和发展。胡先生教我们"莫要看轻了那些无量数的'乡曲愚夫，闾巷妇稚'，他们能做那些文学专门名家所不能做又不敢做的革新专业！"（二六七面）那是不错的。可是话说回来，要使国语成为"文学的国语"，还得"那些文学专门名家"努力做去。胡先生教人"努力去做白话的文学"，"尽量采用《水浒传》《西游记》《儒林外史》《红楼梦》的白话"，再用今日的白话和文言来补助。这便是到"文学的国语"的路。但他后来叙述"文学革命运动"，提到"直译的方法，严格的尽量保全原文的文法与口气，说"这种译法，近年来很有人仿效，是国语的欧化的一个起点"（二八九面）。他至少不反对"国语的欧化"。到了现在，这已经从"一个起点"发展为一个不可抵抗的趋势，成了到"文学的国语"的一条大路了。

胡先生的文学革命论"只是进化论和实验主义的一种实际应用"（《介绍我自己的思想》，一八面），他的整理国故也"不过是赫胥黎、杜威的思想方法的实际应用"（同上，二一面）。他在《新思潮的意义》里道：

> 现在有许多人自己不懂得国粹是什么东西，却偏要高谈"保存国粹"。……这种人如何配谈国粹？若要知道什么是国粹，什么是国渣，先须要用评判的态度，科学的精神，去做一番整理国故的工夫。（六七面）

他说明整理国故的意义道：

整理就是从乱七八糟里面寻出一个条理脉络来;从无头无脑里面寻出一个前因后果来;从胡说谬解里面寻出一个真意义来;从武断迷信里面寻出一个真价值来。为什么要整理呢? 因为古代的学术思想向来没有条理、没有头绪、没有系统,故第一步是条理系统的整理。因为前人研究古书,很少有历史进化的眼光的,故从来不讲究一种学术的渊源,一种思想的前因后果,所以第二步是要寻出每种学术思想怎样发生,发生之后有什么影响效果。因为前人读古书,除极少数学者以外,大都是以讹传讹的谬说……故第三步是要用科学的方法,作精确的考证,把古人的意义弄得明白清楚。因为前人对于古代的学术思想,有种种武断的成见,有种种可笑的迷信……故第四步是综合三步的研究,各家都还他一个本来真面目,各家都还他一个真价值。(六六至六七面)

评判的态度,科学的精神以及这四个步骤,正是"赫胥黎、杜威的思想的实际应用"。

胡先生说:"'国故'这个名词,最为妥当;因为它是一个中立的名词,不合褒贬的意义。'国故'包含'国粹';但它又包含'国渣'。我们若不了解'国渣',如何懂得'国粹'?"(三二○至三二一面)他道:

"国学"在我们的心眼里,只是"国故学"的缩写。中国的一切过去的文化历史,都是我们的"国故";研究这一切过去历史文化的学问,就是"国故学",省称为"国学"。……所以我们现在要扩充国学的领域,包括上下三四千年的过去文化,打破一切的门户成见:拿历史的眼光来整统一切,认清了"国故学"的使命是理整中国一切文化历史,便可以把一

切狭陋的门户之见都扫空了。(《国学季刊》发刊宣言,三二〇至三二一面)

又道:

> 历史是多方面的:单记朝代兴亡,固不是历史;单有一宗一派,也不成历史。过去种种,上自思想学术之大,下至一个字,一只山歌之细,都是历史,都属于国学研究的范围。(同上,三二二面)

胡先生用历史的眼光将整理国故的范围扩大了(参看三三五面)。他"要教人知道学问是平等的,思想是一贯的"(《介绍我自己的思想》,二三面引《文存三集》里的话)。他的"几十万字的小说考证"(《介绍我自己的思想》,二一面)都是本着这个意思写的。他的《中国古代哲学史》和《白话文学史》上卷,固然是划时代的,这些篇旧小说的考证也是划时代的。而将严格的考据方法应用到小说上,胡先生是第一个人。他的收获很多,而开辟了一条新路,功劳尤大。这扩大了也充实了我们的文学史。

这些小说考证的本身价值是不朽的。胡先生在《红楼梦考证》的末尾道:

> 我自信:这种考证的方法,除了(孟莼荪先生的)《董小宛考》之外,是向来研究《红楼梦》的人不曾用过的。我希望这一点小贡献,能引起大家研究《红楼梦》的兴趣,能把将来的《红楼梦》研究引上正当的轨道去:打破从前种种穿凿附会的"红学",创造科学方法的《红楼梦》研究!(四一二面)

这便是这种考证本身的价值。但胡先生更注重"这种考证的方法",也就是科学方法,他说:

> 少年的朋友们,莫把这些小说考证看作我教你们读小说的文字。这些都只是思想学问的方法的一些例子。在这些文字里,我要读者学得一点科学精神,一点科学态度,一点科学方法。科学精神在于寻求事实,寻求真理。科学态度在于撇开成见,搁起感情,只认得事实,只跟着证据走。科学方法只是"大胆的假设,小心的求证"十个字。没有证据,只可悬而不断;证据不够,只可假设,不可武断;必须等到证实之后,方才奉为定论。(《介绍我自己的思想》,二四面)

胡先生的考证文字里创见——"大胆的假设"——颇多,可是真能严格的做到"搁起感情,只认得事实,只跟着证据走",真能严格的做到"大胆的假设,小心的求证"十个字的,似乎得推这些小说考证为最。他在《红楼梦考证》里道,"自从我第一次发表这篇考证以来,我已经改正了无数大错误了——也许有将来发见新证据后即须改正的"(四一二面)。又在《介绍我自己的思想》里举曹雪芹的生卒年代问题作例,说"考证两个年代,经过七年的时间,方才得着证实"(二一至二三面)。这才真是"小心的求证"。这种小说考证,高中学生乍一翻阅,也许觉得深奥些。其实只是生疏些。若能耐心顺次读下去,相信必会迎刃而解,他们终于会得着受用的。

胡先生的小说考证还有一个重大的影响,便是古史的讨论。这是二十年来我们学术界一件大事,发难的是顾颉刚先生。胡先生道:

> 顾颉刚先生在他的《古史辨》的自序里,曾说他从我的《水浒传考

证》和《井田辨》等文字里得着历史方法的暗示。这个方法便是用历史
演化的眼光来追求每一个传说演变的历程。我考证水浒的故事、包公
的传说、狸猫换太子的故事、井田的制度,都用这个方法。顾先生用这
方法来研究中国古代,曾有很好的成绩。(《介绍我自己的思想》,二〇
面)

水浒的故事、包公的传说、狸猫换太子的故事,都是小说考证。顾先生
自己承认从这些文字和《井田辨》里得着历史方法的暗示,正见得"学问是平
等的,思想是一贯的"。本书选了一篇《古史讨论的读后感》,胡先生说在他
的"文存里要算是最精采的方法论"。"这里面讨论了两个基本方法:一个是
用历史演变的眼光来追求传说的演变,一个是用严格的考据方法来评判史
料。"(《介绍我自己的思想》,一九至二〇面)这第一个方法便是顾先生《古
史辨》自序里所提到的。他用这方法研究中国古史,得到"层累地造成的古
史"这个中心的见解。顾先生自己"层累地造成的古史"有三个意思:

一、可以说明时代愈后,传说的古史期愈长。

二、可以说明时代愈后,传说中的中心人物愈放愈大。

三、我们在这上,即不能知道某一件事的真确的状况,也可以知道
某一件事在传说中的最早状况。(三四〇面)

胡先生将他的方法的细节总括成下列的方式:

一、把每一件史事的种种传说,依先后出现的次序排列起来。

二、研究这件史事在每一个时代有什么样子的传说。

三、研究这件史事的逐渐演进：由简单变为复杂，由陋野变为雅驯，由地方的(局部的)变为全国的，由神变为人，由神话变为史事，由寓言变为事实。

四、遇可能时，解释每一次演变的原因。（三四二面）

关于第二个基本方法，就是评判史料的方法，这篇文字里举出五项标准。胡先生道：

> 我们对于"证据"的态度是：一切史料都是证据。但史家要问：（一）这种证据是在什么地方寻出的？（二）什么时候寻出的？（三）什么人寻出的？（四）依地方和时候上看起来，这个人有做证人的资格吗？（五）这个人虽有证人资格，而他说这句话时有作伪(无心的，或有意的)的可能吗？（三四五面）

研究古史，高中学生的程度是不够的，他们知道这一些轮廓也就行了。

<h1 style="text-align:center">六</h1>

《文学革命运动》写于民国十一年，胡先生在这段文字里论到"五年以来白话文学的成绩"，指出四个要点。第三是："白话散文很进步了。长篇议论文的进步，那是显而易见的。"（二九九至三〇〇面）他自己的文字便是很显著的例子。他早就"自信颇能用白话作散文"（二三四面，引民国五年答任叔永先生的信），他的自信是不错的。他的散文，特别是长篇议论文，自成一种风格，成就远在他的白话诗之上。他的长篇议论文尤其是白话文的一个大

成功。一方面"明白清楚";一方面"有力能动人",可以说是"达意达得好,表情表得妙"。胡先生以为"达意达得好,表情表得妙"的便是文学。文学有三个要件:一是"懂得性",便是"明白清楚";二是"逼人性",便是"有力能动人";三是"美",是前二者"加起来自然发生的结果"(见《什么是文学》,《文存》;参看本书一九六面)。这个文学的界说也许太广泛些,可是,他的散文做到了他所说的。他在民国七年说过,我们今日所用的"标准白话"都是《水浒传》、《西游记》、《儒林外史》、《红楼梦》几部白话的文学定下来的。他的文字用的就是这种"标准白话"。如"好汉"(《介绍我自己的思想》,二四面)、"顶天立地的好汉"(一二三面)、"列位"(一九七面)、"一言表过不提"(一六七面)、"一笔表过,且说正文"(一九三面)等旧小说套语,他有时都还用着。但他那些长篇议论文在发展和组织方面,受梁启超先生等的"新文体"的影响极大,而"笔锋常带情感",更和梁先生有异曲同工之妙。

在《介绍我自己的思想》里,胡先生说他的《易卜生主义》那篇文章"在民国七、八年间所以能有最大的兴奋作用和解放作用,也正是因为他所提倡的个人主义,在当日确是最新鲜又最需要的一针注射"(八面)。这种"最大的兴奋作用和解放作用"一方面也由于他那带情感的笔锋。他那笔锋使他的别的文字也常有兴奋的作用,所谓"有力能动人"。他那笔锋是怎样带情感的呢? 我们分析他的文字,看出几种他爱用的格调。第一是排语,翻开本书,几乎触目都是的,上面引文里也常见。这里且抄几个例。如《介绍我自己的思想》的最后:

　　抱着无限的爱和无限的希望,我很诚挚的把这一本小书贡献给全国的少年朋友!(二五面)

又如：

> 我要教人疑而后信，考而后信，有充分证据而后信。（二三面，引《文存三集》）

> 因为我们从不曾悔祸，从不曾彻底痛责自己，从不曾彻底认错。（一八八面）

> 我这几年来研究欧洲各国国语的历史，没有一种国语不是这样造成的。没有一种国语是教育部的老爷们造成的。没有一种是言语学专门家造成的。没有一种不是文学家造成的。（一九九面）

又如：

> 诸位，千万不要说"为什么"这三个字是很容易的小事。你打今天起，每做一件事，便问一个为什么——为什么不把辫子剪了？为什么不把大姑娘的小脚放了？为什么大嫂子脸上搽那么多的脂粉？为什么出棺材要用那么多叫化子？为什么娶媳妇也要用那么多叫化子？为什么骂人要骂他的爹妈？为什么这个？为什么那个？——你试办一两天，你就会觉得这三个字的趣味真是无穷无尽，这三个字的功用也无穷无尽。（《新生活》，五三面）

又如《易卜生主义》里：

> 这种理想是社会所最忌的。大多数人都骂他是"捣乱分子"，都恨他"扰乱治安"，都说他"大逆不道"；所以他们用大多数的专制威权去压制那"捣乱"的理想志士，不许他开口，不许他行动自由；把他关在监牢

里,把他赶出境去,把他杀了,把他钉在十字架上活活的钉死,把他捆在柴草上活活烧死。(一二四面)

排语连续的用同样的词和同样的句式,借着复沓与均齐加急语气,加强语气,兴奋读者的情感。

第二是对称。上面所抄《新生活》一段,可以作例。此外如:

> 但是列位仔细想想便可明白了。(一九七面)
>
> 你们嫌我用"圣人"一个字吗?(一六○面)
>
> 他(指"假设")若不来时,随你怎样搔头抓耳,挖尽心血,都不中用。(二九面)

又如:

> 有人对你说,"人生如梦"。就算是一场梦罢,可是你只有这一个做梦的机会,岂可不振作一番,做一个痛痛快快、轰轰烈烈的梦?
>
> 有人对你说,"人生如戏"。就说是做戏罢,可是,吴稚晖先生说的好:"这唱的是义务戏,自己要好看才唱的;谁便无端的自己扮做跑龙套,辛苦的出台,止算做没有呢?"
>
> 其实人生不是梦,也不是戏,是一件最严重的事实。你种谷子,便有人充饥;你种树,便有人砍柴,便有人乘凉;你拆烂污,便有人遭瘟;你放野火,便有人烧死。你种瓜便得瓜,种豆便得豆,种荆棘便得荆棘。
>
> 少年的朋友们,你爱种什么?你能种什么?(《介绍我自己的思想》,一三面)

末一节不但用对称,并且同时在用排语。又如上文引过的"自从这个'拿证据来'的喊声传出以后"(一二面)一语中的"拿证据来"也是对称,不过用法变化罢了。对称有如面谈,语气亲切,也是诉诸读者的情感的。

第三是严词。古语道,"嫉恶如仇",严词正是因为深嫉的原故。如:

> 自由平等的国家不是一群奴才建造得起来的。(《介绍我自己的思想》,一〇面)
>
> 这样又愚又懒的民族,成了一分像人九分像鬼的不长进民族。(同上,一五面)
>
> 空谈好听的"主义",是极容易的事,是阿猫阿狗都能做的事,是鹦鹉和留声机器都能做的事。(三二面)

又如:

> 坐禅主敬,不过造成许多"四体不勤,五谷不分"的废物!(一四九面)
>
> 《晋书》说王衍少时,山涛称赞他道:"何物老妪,生宁馨儿!"后来不通的文人把"宁馨"当作一个古典用,以为很"雅"很"美"。其实"宁馨"即是现在苏州上海人的"那哼"。但是这班不通的文人一定说"那哼"就"鄙俗可嚓"了!(二五七面)

和严词相近的是故甚其词。故甚其词,惟恐言之不尽,为的是表达自己深切的信仰。如:

至于钱(静方)先生说的纳兰成德的夫人即是黛玉,似乎更不能成立。……钱先生引他(成德)的悼亡词来附会黛玉,其实这种悼亡的诗词在中国旧文学里,何止几千首?况且大致都是千篇一律的东西。若几首悼亡词可以附会林黛玉,林黛玉真要成"人尽可夫"了!(三六四面)

这是不信。又如:

我……到了哈尔滨。在此地我得了一个绝大的发现;我发现了东西文明的交界点。

……

我到了哈尔滨,看了"道里"与"道外"的区别,忍不住叹口气,自己想道:这不是东方文明与西方文明的交界点吗?东西洋文明的界线只是人力车文明与摩托车文明的界线——这是我的一大发现。(一五八、一五九面)

我们当此时候,不能不感谢那发明蒸气机的大圣人,不能不感谢那发明电力的大圣人,不能不祝福那制作汽船汽车的大圣人。……你们嫌我用"圣人"这个字吗?孔夫子不说过吗?"制而用之谓之器。利用出入,民咸用之,谓之神。"孔老先生还嫌"圣"字不够,他简直要尊他们为"神"呢!(一六〇面)

这些是信仰。为了强调这些信仰,所以"忍不住"故甚其词——后一节同时在用排语。还有:

> 我们可以大胆地宣言：西洋近代文明绝不轻视人类的精神上的要求。我们还可以大胆地进一步说：西洋近代文明能够满足人类心灵上的要求的程度，远非东洋旧文明所能梦见。（一四二面）

> 我们可以武断地说：美国是不会有社会革命的，因为美国天天在社会革命之中。（一六五面）

这些信仰，胡先生是有充分证据的。他用"大胆地"、"武断地"，只是为了强调他的信仰。他仿佛在说："即使你们觉得我的证据不充分，我还是信仰这些。"

胡先在运用带情感的笔锋，却不教情感朦胧了理智，这是难能可贵的。读他的文字的人往往不很觉得他那笔锋，却只跟着他那"明白清楚"的思路走。他能驾驭情感，使情感只帮助他的思路而不至于跑野马。但他还另有些格调，足以帮助他的文字的明白清楚。如比喻就是的。比喻是举彼明此，因所知见所不知，可以诉诸理智，也可以诉诸感情。胡先生用的比喻差不多都是前者。例如：

> 科学家明知真理无穷，知识无穷，但他们仍然有他们的满足：进一寸有一寸的愉快，进一尺有一尺的满足。（四四面）

> 这种种过去的"小我"，和种种现在的"小我"，和种种将来无穷的"小我"，一代传一代，一点加一滴；一线相传，连绵不断；一水奔流，滔滔不绝：这便是一个"大我"。（一〇五面）

又如《易卜生主义》里：

　　社会国家是时刻变迁的,所以不能指定哪一种方法是救世的良药。十年前用补药,十年后或者须用泄药了;十年前用凉药,十年后或者须用热药了。(一三五面)

这些同时在用排语。又如:

　　真理是深藏在事物之中的;你不去寻求探讨,它绝不会露面……"自然"是一个最狡猾的妖魔,只有敲打逼拶可以逼他吐露真情。(一四三面)

　　考证的方法好有一比,比现今的法官判案:他坐在堂上静听两造的律师把证据都呈上来了,他提起笔来,宣判道:某一造的证据不充足,败诉了;某一造的证据充足,胜诉了。他的职务只在评判现成的证据,他不能跳出现成的证据之外。实验的方法也有一比,比那侦探小说里的福尔摩斯访案:他必须改装微行,出外探险,造出种种机会来,使罪人不能不呈献真凭实据。他可以不动笔,但他不能不动手动脚,去创造那逼出证据的境地与机会。(四八四面)

又如:

　　到现在他(指人)居然能叫电气给他赶车,以太给他送信了。(九五面,参看一四五面)

这也同时在用排语。以上三例都是有趣味的比喻。还有《易卜生主义》里:

  社会对个人道:"你们顺我者生,逆我者死;顺我者有赏,逆我者有罚。"(一二二面)

这是将"社会"人化,也是一种比喻。这种种比喻虽也诉诸情感,但主要的作用还在说明。其实胡先生所用的种种增强情感的格调,主要的作用都在说明,不过比喻这一项更显而易见罢了。

  文字的"明白清楚",主要的还靠条理。条理是思想的秩序。条理分明,读书才容易懂,才能跟着走。长篇议论文更得首尾一贯,最忌的是"朽索驭六马,游骑无归期"。胡先生的文字大都分项或分段;间架定了,自然不致大走样子。但各项各段得有机的联系着,逻辑的联系着,不然还是难免散漫支离的毛病。胡先生的文字一方面纲举目张,一方面又首尾联贯,确可以作长篇议论文的范本。有些复杂的题材,条理不但得分明,还得严密,那就更需要组织的力量。本书中如《问题与主义》(二)、《新思潮的意义》、《我们对于西洋近代文明的态度》、《红楼梦考证》及《附录》,都头绪纷繁,可是写来条分缕析,丝毫不乱,当得起"严密"两个字。长篇议论文的结尾,最应注重,有时得提纲挈领,总括全篇,给读者一个简要的观念,帮助他的了解和记忆。如《不朽》的末尾说,"以我个人看来,这种'社会的不朽'观念很可以做我的宗教了"。接着道:

  我的宗教的教旨是:

  我这个现在的"小我",对于那永远不朽的"大我"的无穷过去,须负重大的责任;对于那永远不朽的"大我"的无穷未来,也须负重大的责任。我须要时时想着,我应该如何努力利用现在的"小我",方才可以不辜负了那"大我"的无穷过去,方才可以不遗害那"大我"的无穷

未来？（一一〇面）

又如《新思潮的意义》的结尾：

> 这是这几年新思潮运动的大教训！我希望新思潮的领袖人物以后能了解这个教训，能把全副精力贯注到研究问题上去；能把一切学理不看作天经地义，但看作研究问题的参考材料；能把一切学理应用到我们自己的种种切要问题上去；能在研究问题上面做输入学理的工夫；能用研究问题的工夫来提倡研究问题的态度，来养成研究问题的人才。

这是我对于新思潮运动的解释。这也是我对于新思潮将来的趋向的希望（六四面）。《易卜生主义》的结尾最为特别：

> 他（易卜生）仿佛说道："人的身体全靠血里面有无量数的白血轮时时刻刻与人身的病菌开战，把一切病菌扑灭干净，方才可使身体健全，精神充足。社会国家的健康也全靠社会中有许多永不知足、永不满意、时刻与罪恶分子、龌龊分子宣战的白血轮，方才有改良进步的希望。我们若要保卫社会的健康，须要使社会时时刻刻有斯铎曼医生一般的白血轮分子。但使社会常有这种白血轮精神，社会决没有不改良进步的道理。"（一三五至一三六面）

接着还引译了易卜生给朋友的信里的一节话，说社会的少数人"总是向前去"，多数人总是赶不上。这更是好整以暇，笔有馀妍了。

有人说胡先生太注重"明白清楚"，有时不免牺牲了精细和确切，说他有

时不免忽略了那些虽然麻烦却有关系的材料或证据。即如《易卜生主义》那篇,在民国七、八年间虽曾"有最大的兴奋作用和解放作用",后来却就有人觉得粗浅了。他有一些整理国故的文字,有人觉得也不免粗浅的地方。胡先生是文学革命和思想革命的领袖,他的文字不能不注重宣传的作用,他偏重"懂得性",也是当然。他的文字可没有一般宣传的叫嚣气;他的议论、他的说明都透澈而干脆,没有一点渣滓。——他所谓"长篇议论文"包括说明文而言。——就是这些,尽够青年学生学的。况且精细确切的文字,胡先生也常有,上节所举《问题与主义》(二)等四篇便是的,而《红楼梦考证》及《附录》更见如此。高中学生学习议论文和说明文,自然该从条理入手。比喻也练习。至于那些增强情感的格调,用时却得斟酌。大概排语不妨随便用,只要不太多不呆板就成。胡先生用对称,虽是为了亲切,却带着教训的口气。青年学生用不到教训的口气,只消就亲切上着眼。但得留意,对称也容易带轻佻的口气,轻佻就失了文格了。故甚其词可以用,但得配合上下文的语气,才觉自然。严词能够不用最好;胡先生的严词有时也还不免有太过的地方。——这些年很有些人攻击胡先生的思想,青年学生以耳代目,便不大去读他的书。这不算"一个不受人惑的人"。胡先生说过:

> 就是那些反对白话文学的人,我也奉劝他们用白话来做文字。为什么呢?因为他们若不能做白话文字,便不配反对白话文学。(二〇四面)

这是"评判的态度"。青年学生若不用胡先生的书,也不配反对他的思想。况且就是反对他的思想,他的文字也还是值得学的。无论赞成胡先生的思想的也罢,反对他的也罢,我们奉劝高中学生先平心静气的细读这本书。

呐喊

一

　　鲁迅先生所写的短篇小说,编成三本集子,一本叫做《呐喊》,一本叫做《彷徨》,又一本叫做《故事新编》。第三本是以神话、传记及文实为题材的——如嫦娥奔月,大禹治水;以现代社会生活为题材的,是前面两本。现在从两本中提出《呐喊》,供大家略读;一方面练习短篇小说的阅读,一方面约略窥见鲁迅先生的思想和艺术。《呐喊》起初由新潮社出版,后来北新书局发行;鲁迅先生去世后,鲁迅先生纪念委员会编纂《鲁迅全集》,便收在第一卷里。现在最容易买到的,是北新书局的本子。有些书局出版《鲁迅选集·鲁迅创作选》之类,虽不全收《呐喊》中的短篇小说,但重要的几篇总是有的。还有各家书局所出的国文教科书,往往采选《呐喊》中的短篇小说,统计起来,也有七八篇,所以即使不买整本的《呐喊》,还是可以各随方便,搜集拢来,看到《呐喊》的全貌。《呐喊》共收短篇小说十四篇,目次如下:《狂人日记》,《孔乙己》,《药》,《明天》,《一件小事》,《头发的故事》,《风波》,《故乡》,《阿Q正传》,《端午节》,《白光》,《兔和猫》,《鸭的喜剧》,《社戏》——那是按照写作时日的先后编排的;前面有《自序》一文,略述自己的经历,作小说的动机和集子命名的由来。

二

小说是什么东西?在我国,最早的说明当推《汉书·艺文志》:"小说家者流,盖出于稗官,街谈巷语,道听涂说者之所造也。"这是说,小说是琐屑的或不经的记载。后来人受这个观念的影响,把性质并不相类的一些著作,都包括在"小说"这个共名之下。明朝胡应麟的《少室山房笔丛》里,分小说为六类:(一)志怪,如《搜神记》、《述异记》之类;(二)传奇,如《飞燕外传》、《霍小玉传》之类;(三)杂录,如《世说新语》、《北梦琐言》之类;(四)丛谈,如《容斋随笔》、《梦溪笔谈》之类;(五)辩订,如《鼠璞》、《鸡肋》之类;(六)箴规,如《颜氏家训》、《世范》之类。清朝编《四库全书总目提要》,分小说为三派:(一)叙述杂事,如《西京杂记》、《世说新语》之类;(二)记录异闻,如《山海经》、《穆天子传》之类;(三)缀缉琐语,如《博物志》、《述异记》之类。这些所谓小说,和我们现在的"短篇小说"都不相干。

我国从前杂戏之中,有一种叫做"说话",在庆祝及斋会的时候,供人娱乐;操这种职业的,称为"说话人"。据记载,南宋时的"说话"有四种家数:一是"小说",二是"讲史",其馀两种,这里从略。"小说"的必要条件大约有三

项:(一)须讲近世事;(二)须有"得胜头回"("头回"是冒头的意思,"得胜"是吉语);(三)须引证诗词。"讲史"是讲说前代书史文传兴废争战之事。"说话人"的"说话",记录下来,称为"话本"。宋时"小说"的"话本",现在可以见到的,有《京本通俗小说》。明末有一部《今古奇观》,至今还流传得很普遍,中间保存有宋代的旧话本,也有明人的拟话本(就是说,那不是"说话人"的"说话",只是摹拟他们"说话"的体式而写作的)。"讲史"方面,有《大唐三藏取经诗话》、《大宋宣和遗事》等,都是宋代的拟话本,其篇幅比校长,故事比较复杂,是后来"章回小说"(如《水浒传》、《儒林外史》之类)的始祖。以上两类,向来都称为小说,但和我们现在的"短篇小说"也不相干。

现在所谓"短篇小说",是从西方传来的。胡适先生有一篇文字,叫做《论短篇小说》;从其中摘录几节如下:

……西方的"短篇小说",在文学上有一定的范围,有特别的性质,不是单靠篇辐不长便可称为"短篇小说"的。

我如今且下一个"短篇小说"的界说:短篇小说是用最经济的文学手段,描写事实中最精采的一段,或一方面,而能使人充分满意的文章。这条界说中,有两个条件最宜特别注意。今且把两个条件分说如下:

(一)"事实中最精采的一段,或一方面"　譬如把大树的树身锯断,懂植物学的人看了树身的"横截面",数了树的"年轮",便可以知道这树的年纪。一人的生活,一国的历史,一个社会的变迁,都有一个"纵剖面"和无数"横截面"。纵面看去,须从头看到尾,才可看见全部。横而截开一段,若截在要紧的所在,便可把这个"横截面"代表这个人,或这一国,或这一个社会。这种可以代表全部的部分,便是我所谓"最精采"的部分。又譬如西洋照像术未发明之前,有一种"侧面剪影",用纸剪下

人的侧面,便可知道是某人(此种剪像,曾风行一时,今虽有照像术,尚有人为之)。这种可以代表全形的一面,便是我所谓"最精采"的方面。若不是"最精采"的所在,决不能用一段代表全体,决不能用一面代表全形。

(二)"最经济的文学手段" 形容"经济"两个字,最好是借用宋玉的话:"增之一分则太长,减之一分则太短;着粉则太白,施朱则太赤。"须要不可增减,不可涂饰,处处恰到好处,方可当"经济"二字。因此,凡可以拉长演作章回小说的短篇,不是真正"短篇小说";凡叙事不能畅尽,写情不能饱满的短篇,也不是真正"短篇小说"。

能合我所下的界说的,便是理想上完全的"短篇小说"。世间所称"短篇小说",虽未能处处都与这界说相合,但是那些可传世不朽的"短篇小说",决没有不具上文所说两个条件的。

这个短篇小说的界说很扼要,但还有需要补充说明的地方。从"描写事实中最精采的一段"一语看来,好像短篇小说和历史著作、报纸记载一样,也是记录事实的;不过不记录全部,只描写其中最精采的一段罢了。如果这样想,就错了。短篇小说固然有记录事实的,如《呐喊》中《一件小事》那一篇,说的是鲁迅先生自己坐人力车,那车夫撞倒了一个老女人,便不再拉车,却扶了那老女人一同到巡警分驻所去,这当然是事实;但大多数的短篇小说却出于虚构,并非事实;即使有事实作底子,也决不是依样葫芦,照录其中最精采的一段。世间实在不曾有过阿 Q 那个人,也不曾有人做过像《阿 Q 正传》所叙的那番事。同样情形,世间实在不曾有过写《狂人日记》的那个狂人;日记前面的序文里,虽有"今撮录一篇,以供医家研究"的话,好像鲁迅先生只做了"撮录"的工夫,其实那日记就是鲁迅先生虚构的。我们知道,用文字记录事实,是有实际上的需要,为的要把那事实告诉远方或将来的人。虚构一些小说,难道也有实际上的需要吗?小说家为什么要不惮烦劳的写他们的小说呢?原来小说家写小说,就广义说,也是有实际上的需要;不过不像写记录事实的文章一样,单把事实告诉了人家就完事;他们提起笔来,最基本的欲望却在把他们之"所见"告诉人家。什么叫"所见"?就是从生活经验中得来的某种意思。那意思也许包含得很广博,也许只是很狭小的一点儿,都没有关系;可是必须有了它,小说家才动手写小说。——如果没有它,而硬要写小说,写下来的一定不是真正小说,只是或为实录或为虚构的叙事文而已。——就如鲁迅先生,从他生活经验中,见到人类有许多不甚高明的品性,如"精神上的胜利法"(就是:被人欺侮了,却以见欺于小人或后辈自慰,这样想的时候,自己俨然是君子或前辈,感到胜利的愉快了)之类,他才把这许多品性赋与阿Q,写成《阿Q正传》。又从他的生活经验中,见到家庭制度和礼教对于人性的戕贼,他才借了狂人的口吻把它暴露出来,写成《狂人日记》。"所见"是抽象的意思,写成了小说,便是具体的故事,其中却含蓄着、发挥着那抽象的意思:这是小说和叙事文的根本不同处。叙事文在事实本身而外,不需要作者的什么"所见",作者只须把事实记录得明白得当,就算尽了责任了。凡是好的小说,其中所含蓄、所发挥的必具有真实性:就是说:世间的确有这么一种情形或道理,一般人对它,或是没有见到,或是见到了而并不深入透切,待小说家把它写成了小说,大家才恍然有悟,表示同感或相信。这样说起来,胡适先生所下界说中的"事实"两个字,若认为"实有其事"的事实,便与短篇小说的实际不尽符合;须认为"具有真实性"的情形或道理,那才适合于一般的真正短篇小说呢。

我们有了"所见",也可以径直写出来。如鲁迅先生见到人类有许多不甚高明的品性,见到家庭制度和礼教对于人性的戕贼,未尝不可以一是一,二是二,列举例子,逐步论断,写成两篇文章。但那是议论文,不是短篇小说。小说家不把自己的"所见"写成议论文,却借故事来发挥,让它含蓄在故事里头;为的要使读者感动,得到深切的印象;也为的要使读者读了故事而见到小说的"所见",仿佛是自己发现似的,不像读议论文那样显然处于被动地位。这里所说借故事来发挥,最关重要,故事的大纲和细节,都为那"所见"而存在,不充分,不行,太噜苏,也不行,所以必须用"最经济的文学手段"来组织故事。按照讨论小说的用语,那"所见"便是题旨,那故事便是题材。把实有其事的事实作题材,对于题旨,往往有不充分或太噜苏的缺憾;不如径自造个故事,凡足以发挥那题旨的,充分采入,与题旨没有关涉的,绝不滥取,来得称心得多,即使并不自造故事,而以事实作题材,也决不能像作叙事文一样,一律照实记录,事实上有这个节目,可是,这个节目与题旨无关,便不能不把它去掉,事实上没有那个节目,可是,从发挥题旨的观点看来,那个节目非有不可,便不能不把它加进去。鲁迅先生有一篇《我怎么做起小说来》,讲他作小说的经验,中间说:"所写的事迹,大抵有一点见过或听到过的缘由,但决不全用这事实,只是采取一端,加以改造,或生发开去,到足以几乎完全发表我的意思为止。人物的模特儿也一样,没有专用过一个人,往往嘴在浙江,脸在北京,衣服在山西,是一个拼凑起来的脚色。"这个话是作小说不全依事实的实例。——以上所说,都关于组织故事,就是组织题材,明白了这一层,小说为什么常常出于虚构,或只从事实中"采取一端",也就可以了然。原来惟有这样做,才是发挥题旨的"最经济的手段",而那手段才够得上称为"文学手段"。

"最经济的文学手段",总括的说,是把抽象的题旨化为具体的题材,按照讨论小说的用语,便是把题旨"形象化",题旨是小说家从生活经验中得来的,说给人家听,虽也可以使人家了解,可是看不见,摸不着,不能使人家感动,得到深切的印象。必须把它装在一个题材里,成为某一件故事,故事之中有某一个或某几个人物在那里活动着,与实有其事的事实一般模样,于是它具有了形象,仿佛看得见摸得着似的;这才能使人家感动,得到深切的印象。故事不能不是某一件,人物不能不是某一个或某几个,否则就不成形象。形象要充分的活泼生动,有血有肉,形象后面要处处伏着抽象的题旨;这是认真的小说家所努力经营的。从形象受到了感动,得到了深切的印象,进一步去探索那伏在形象后面的东西;这是认真的小说读者应该努力从事的。张天翼先生作过一篇《论〈阿 Q 正传〉》,篇中《读书笔记一则》里的几节,对于"形象化"说得很透澈,现在摘录在这里:

阿 Q 之癞,说"儿子打老子",不能反抗未庄"那伙鸟男女"而只欺侮小尼姑,以及痛恶"假洋鬼子"及其"哭丧棒",等等,这的确是《阿 Q 正传》里的那个阿 Q 才有的花头,这些,只是属于一个阿 Q 的。这些是特殊的东西。

但这些只是使抽象阿 Q 具体化,使之形象化的一种手段。

……这是表现阿 Q 性本质的一种艺术手段。

换言之,那么这篇作品里关于阿 Q 的这些形象虽然是特殊的,是仅仅属于"这一个"阿 Q,但它倒正是为了表现一般的阿 Q 性而有的。例如"癞",用来表现忌讳毛病,"儿子打老子"是用来表现"精神胜利法",而调笑小尼姑则用来表现欺软怕硬,以及排斥异端,诸如此类。

所以作品里表现出来的典型人物,又有特殊性,又有许多现实阿 Q 的一般性。而后者则居于主要地位:这是那个典型人物的灵魂,是作者在这作品中所含的哲学,是这作品的内在精神。

但那些表现成"这一个"人物的诸形象,艺术家也决不把它忽略过

去。要是忽略了这些,仅只写出一个不可感觉的灵魂,没有血肉,那么就不像一个人了,不能使我们得到一个印象,不能使我们当作真有这么一个阿Q似的那样感受了。

并且——要是忽略了这些形象,或是随意处置这些形象的话,那就连那个灵魂都不能充分表现出来,或是不能适如其可地表现出来。

这些形象——决不是随便安排的。

你看,关于阿Q的状貌,举动,谈吐等等,哪怕只要写一两笔,我们就知道阿Q的地位身份,并且由此而知道阿Q之为人。

就说"癞"罢,这也正是阿Q那么生活里才会有的毛病。……

……别的人,只要他是在阿Q之得癞病的同样条件之下,也会变成一个癞头。当然,并不是一得了"癞"即成了阿Q。他跟阿Q仅仅只有这一点相同:就是他也没法讲卫生,也让细菌在他头上猖獗。此外他也许就跟阿Q再没有相同之点了。他并不是阿Q。这样,他头上的"癞"——所起的作用也就不同了,不是可以拿来表现阿Q性之一的"忌讳毛病"的了。或者呢,他的"癞",压根儿就不起什么作用。

这"癞"等等,如果在这个典型人物身上是不可能有的,或者即可能有而并不是可以用来表现这阿Q性的,或是压根没有作用的——那么这"癞"在此就不适当。那么作者就不会选它进去,而会另外去选上别的一些更适当的东西来表现它。

这些形象是要经过选择的:要适当,形象也该有其典型性。

张先生的这几节文字只就《阿Q正传》而言,其实凡是好的小说,用的都是同样的手段。我们虽不一定要写作小说,可是我们要阅读小说,对于小说家所用的手段就不能不有一点知识;有了这种知识,我们才可以深入的了解

每一篇好小说,也可以辨别那些小说是好的,那些小说却要不得。——没有什么题旨的,当然不成其为小说;虽有题旨而并不"具有其真实性"的,不是好小说;题旨虽不错而"形象化"不够充分的,也不是好小说。

胡先生文中既提明"西方的'短篇小说'"(其实"西方"之上还得加上"近代"两字),以下却又讲"中国短篇小说的略史"记庄子、列子中的一些"寓言",陶潜的《桃花源记》,杜光庭的《虬髯客传》,都是很好的短篇小说,好像我国从前原也有短篇小说似的。我们要知道,那些文章只不过和近代西方的短篇小说偶尔相类而已,其作者决不是有意识的要写什么短篇小说。我国人有意识的写像胡先生给它下界说的那种短篇小说,并不上承"寓言"、《桃花源记》、《虬髯客传》的系统,而是受的西方文学的影响。鲁迅先生是其中最早的一个。在《我怎么做起小说来》里,他说到开始写《狂人日记》,以下接着说"大约所仰仗的全在先前看过的百来篇外国作品和一点医学上的知识",这便是他受西方文学影响的证据。还有,我国文字向来的方式,说到一个人,往往先叙他的籍贯、家世、经历等等,说到一件事,往往从头至尾,交代得清清楚楚;短篇小说不一定用那些方式,却把作者所要说明的在故事的进展中和人物的动作、对话中表现出来。这在向来是很为少见的;像鲁迅先生的那篇《明天》,开头就是没头没脑的一句话:"没有声音——小东西怎了?"又像那篇《孔乙己》,描写孔乙己那个人物,全从酒店小伙计的观点出发,篇中的"我"便是酒店的小伙计:这些方式,更是向来所没有。短篇小说所以要运用这些方式,为的是"经济",也是受的西方文学的影响。

三

鲁迅先生有《自叙传》一篇,现在抄录于后:

　　我于一八八一年生于浙江省绍兴府城里的一家姓周的家里。父亲是读书的；母亲姓鲁，乡下人，她以自修得到能够看书的能力。听人说，在我幼小的时候，家里还有四五十亩水田，并不很愁生计，但到我十三岁时，我家忽而遭了一场很大变故，几乎什么也没有了；我寄住在一个亲戚家里，有时还被称为乞食者。我于是决心回家，而我的父亲又生了重病，约有三年多，死去了，我渐至于极少的学费也无法可想；我的母亲便给我筹备了一点旅费，教我去寻无需学费的学校去，因为我总不肯学做幕友或商人——这是我乡衰落了的读书人家子弟所常走的两条路。

　　其时我是十八岁，便旅行到南京，考入水师学堂了，分在机关科，大约过了半年，我又走了，改进矿路学堂去学开矿，毕业之后，即被派往日本去留学。但待到在东京的预备学校毕业，我已经决意要学医了，原因之一是因为我确知道了新的医学对于日本的维新有很大的助力。我于是进了仙台医学专门学校，学了两年。这时正值俄日战争，我偶然在电影上看见一个中国人因做侦探而被斩，因此又觉得在中国医好几个人也无用，还应该有较为广大的运动……先提倡新文艺，我便弃了学籍，再到东京，和几个朋友立了些小计划，但都陆续失败了。我又想往德国去，也失败了。终于，因为我的母亲和几个别的人很希望我有经济上的帮助，我便回到中国来，这时我是二十九岁。

　　我一回国，就在浙江杭州的两级师范学堂做化学和生理学教员，第二年就走出，到绍兴中学堂去做教务长，第三年又走出，没有地方可去，想在一个书店去做编译员，到底被拒绝了。但革命也就发生，绍兴光复后，我做了师范学校的校长。革命政府在南京成立，教育部长招我去做部员，移入北京，兼做北京大学、师范大学、女子师范大学的国文系讲师。到一九二六年，有几个学者到段祺瑞政府去告密，说我不好，要捕拿我，我便因了朋友林语堂的帮助，逃到厦门大学做教授，十二月走出，到广东，做了中山大学的教授，四月辞职，九月出广东，一直住在上海。

我在留学时候，只在杂志上登过几篇不好的文章。初做小说是一九一八年，因了一个朋友钱玄同的劝告，做来登在《新青年》上的。这时候才用"鲁迅"的笔名，也常用别的名字做一点短论。现在汇印成书的有两本短篇小说集，《呐喊》，《彷徨》，一本论文，一本回忆记，一本散文诗，四本短评，别的除翻译不计外，印成的又有一本《中国小说史略》和一本编定的《唐宋传奇集》。

鲁迅先生名树人，字豫才，《自叙传》中没有提及。此篇作于 1930 年（民国十九年），以后他仍住在上海，从事著译。到 1936 年（民国二十五年）8 月 19 日病殁，年五十六岁。

关于他想提倡新文艺，在《〈呐喊〉自序》中说得比较详细，这和他以后的写作态度极有关系。《自序》中说：

……我便觉得医学并非一件紧要事，凡是愚弱的国民，即使体格如何健全，如何茁壮，也只能做毫无意义的示众的材料和看客（上文叙述在日本看到日俄战争日本所摄的战事电影，一个我国人绑在中间，据说是替俄国做军事侦探的，正要被日军砍下头颅来示众，而围着的许多我国人便是来鉴赏这示众盛举的看客，他们的体格一样的强壮），病死多少是不必以为不幸的。所以我们的第一要着，是在改变他们的精神，而善于改变精神的是，我那时以为当然要推文艺，于是想提倡文艺运动了。在东京的留学生很有学法政理化以至警察工业的，但没有人治文学和美术；可是在冷淡的空气中，也幸而寻到几个同志了，此外又邀集

了必须的几个人,商量之后,第一步当然是出杂志,名目是取"新的生命"的意思,因为我们那时大抵带些复古的倾向,所以只谓之《新生》。

《新生》的出版之期接近了,但最先就隐去了若干担当文字的人,接着又逃走了资本,结果只剩下不名一钱的三个人。创始时候既已背时,失败时候当然无可告语,而其后却连这三个人也为各自的运命所驱策,不能在一处纵谈将来的好梦了,这就是我们的并未产生的《新生》的结局。

我感到未尝经验的无聊,是自此以后的事。我当初是不知其所以然的;后来想,凡有一人的主张,得了赞和,是促其前进的,得了反对,是促其奋斗的,独有叫喊在生人中,而生人并无反应,既非赞同,也无反对,如置身毫无边际的荒原,无可措手的了,这是怎样的悲哀啊,于是以我所感到者为寂寞。

这寂寞又一天一天的长大起来,如大毒蛇,缠住了我的灵魂了。

然而我虽然自有无端的悲哀,却也并不愤懑,因为这经验使我反省,看见自己了:就是我决不是一个振臂一呼应者云集的英雄。

"改变他们的精神",是他当初想提倡文艺运动的因由,后来他做文章,就一贯的实做这句话,不但短篇小说如此,其他许多杂文也无不如此。关于这一层,以下还要说,现在且再摘录《〈呐喊〉自序》的话。序中说那年他住在北京一个会馆里抄古碑,一个老朋友跑来,问他抄这些是什么意思,他回答说:

　　"没什么意思。"

　　"我想,你可以做点文章……"

我懂得他的意思了,他们正办《新青年》,然而那时仿佛不特没有人来赞同,并且也没有人来反对,我想,他们许是感到寂寞了,但是说:

"假如一间铁屋子,是绝无窗户而万难破毁的,里面有许多熟睡的人们,不久都要闷死了,然而是从昏睡入死灭,并不感到就死的悲哀。现在你大嚷起来,惊起了较为清醒的几个人,使这不幸的少数者来受无可挽救的临终的苦楚,你倒以为对得起他们么?"

"然而几个人既然起来,你不能说决没有毁坏这铁屋的希望。"

是的。我虽然自有我的确信,然而说到希望,却是不能抹杀的,因为希望是在于将来,决不能以我之必无的证明,来折服了他之所谓可有,于是我终于答应他也做文章了,这便是最初的一篇《狂人日记》。从此以后,便一发而不可收,每写些小说模样的文章,以敷衍朋友们的嘱托,积久就有了十余篇。

中间用铁屋子作比喻的一节,是热诚的先觉者失望以后的沉痛语。为什么失望?因为人家对他的主张,"既非赞同,也无反对";又因为眼见了现代我国的许多史实。关于后者,在另外一篇《〈自选集〉自序》里说很明白。

……见过辛亥革命,见过二次革命,见过袁世凯称帝,张勋复辟,看来看去,就看得怀疑起来,于是失望,颓唐得很了。……不过我却又怀疑于自己的失望,因为我所见过的人们,事件,是有限得很的,这想头,就给了我提笔的力量。

接着前面所抄的,《〈呐喊〉自序》还有以下的话:

呐喊

在我自己，本以为现在是已经并非一个切迫而不能已于言的人了，但或者也还未能忘怀于当日自己的寂寞的悲哀罢，所以有时候仍不免呐喊几声，聊以慰藉那在寂寞里奔驰的猛士，使他不惮于前驱。至于我的喊声是勇猛或是悲哀，是可憎或是可笑，那倒是不暇顾及的；但既然是呐喊，则当然须听将令的了，所以我往往不恤用了曲笔，在《药》的瑜儿的坟上平空添上一个花环（这一篇的副题旨是革命者的寂寞的悲哀，瑜儿因参加革命而被杀，连他的母亲也不能理解他，可是他的坟上却有一个不知是谁献与的花环，这暗示同情他理解他的未尝无其人），在《明天》里，也不叙单四嫂子竟没有做到看见儿子的梦（这一篇的题旨是母子之爱，寡居的单四嫂子把整个的心魂放在儿子宝儿身上，宝儿病了，求签许愿，请教地方上顶有名的医生，样样都做到，可是宝儿终于死掉，于是她什么希望也没有了，只希望在梦里见见她的宝儿），因为那时的主将是不主张消极的，至于自己，却也并不愿将自以为苦的寂寞，再来传染给也如我那年青时候似的正做着好梦的青年。

"呐喊"的名称，取义就是如此。在《〈自选集〉自序》里，也有类似的话；现在再抄在这里，以供参看：

……为什么提笔的呢？想起来，大半倒是为了对于熟情者们的同感。这些战士，我们虽在寂寞中，想头是不错的，也来喊几声助助威罢。首先，就是为此。自然，在这中间，也不免夹杂些将旧社会的病根暴露出来，催人留心，设法加以疗治的希望。但为达到这希望计，是必须与前驱者取同一的步调的，我于是删削些黑暗，装点些欢容，使作品比较的显出若干亮色，那就是从来结集起来的《呐喊》，一共有十四篇。

这些也可以说是"遵命文学"。不过我所遵奉的,是那时革命的前驱者的命令,也是我自己所愿意遵奉的命令……

在《我怎么做起小说来》里,还有以下的几句话:

……当我留心文学的时候,情形和现在很不同:在中国,小说不算文学,做小说的也决不能称为文学家,所以并没有人想往这一条道路上出世。我也并没有要将小说抬进"文苑"里的意思,不过想利用他的力量,来改良社会。

自然,做起小说来,总不免自己有些主见的。例如说到"为什么"做小说罢,我仍抱着十多年前的"启蒙主义",以为必须是"为人生",而且要改良这人生。我深恶先前的称小说为"闲书",而且将"为艺术的艺术"看作不过是"消闲"的新式的别号。所以我的取材,多采自病态社会的不幸的人们中,意思在揭出病苦,引起疗救的注意。

从上面抄录的一些话看来,可见鲁迅先生当时虽然失望,虽然感到寂寞的悲哀,可是热诚绝没有消散;所以一见前驱的猛士,便寄与同感,和他们作一伙儿。说"聊以慰藉"他们,说"喊几声助助威",都是谦逊的话;在那时,他的寂寞至少减轻了若干分之一,而"改变他们的精神"的热诚重又燃烧起来了吧。为什么"不恤用了曲笔"?他自己说是听从"将令","那时的主将是不主张消极的",所以他在作品里也保留着一点希望;但是他又说"不愿将自以为苦的寂寞,再来传染给……青年",这不是他自己也愿意保留着一点希望吗?"删削些黑暗,装点些欢容,使作品比较的显出若干亮色",这三语是"不恤用了曲笔"的注脚;为什么要如此?说是"与前驱者取同一的步调"。

为什么"必须与前驱者取同一的步调"？说是这才可以达到"将旧社会的病根暴露出来，催人留心，设法加以疗治的希望"。斟酌周详，还取了最有效的道路走，这正是热诚的先觉者的苦心；而为的是前面悬得有希望。"改良社会"，"改良这人生"，"改变他们的精神"，话虽不同，意义也不尽一样，但指的都是那希望。"将旧社会的病根暴露出来，催人留心，设法加以疗治"；从"病态社会的不幸的人们中"取材，"揭出病苦，引起疗救的注意"：在这些方面发挥他的"所见"，便是他取的达到那个希望的手段。以上单就《呐喊》一集而言，却可以推及其他作品；《呐喊》之外，他还有短篇小说，还有多量的杂文，取材不一定限于旧社会和不幸的人们，但揭露病根，促人注意疗治，是前后一致的；希望"改良社会"，"改良这人生"，"改变他们的精神"，也是前后一致的。从这里，便可以认识他的一贯的写作态度，一贯的战斗精神。

关于作小说的手段，《我怎么做起小说来》里很说到一些；这也该抄下来看看，因为别人的说明总不及作者自己说的来得亲切。作小说不全依事实的一节，前面已经抄过了，这里便略去。

……我力避行文的唠叨，只要觉得够将意思传给别人了，就宁可什么陪衬拖带也没有。中国旧戏上，没有背景，新年卖给孩子看的花纸上，只有主要的几个人(但现在的花纸却多有背景了)，我深信对于我的目的，这方法是适宜的，所以我不去描写风月，对话也决不说到一大篇。

我做完之后，总要看两遍，自己觉得拗口的，就增删几个字，一定要它读得顺口；没有相宜的白话，宁可引古语，希望总有人会懂，只有自己懂得或连自己也不懂的生造出来的字句，是不大用的……

忘记是谁说的了，总之是，要极省俭的画出一个人的特点，最好是画他的眼睛。我以为这话是极对的，倘若画了全副的头发，即使细得逼

真,也毫无意思。我常在学学这一种方法,可惜学不好。

可省的处所,我决不硬添,做不出的时候,我也决不硬做……

这些话无非说,用最经济的文学手段,使题材充分的"形象化";可以与前面谈短篇小说的部分相印证。

四

有一些人,他们相信某一事应该怎么做,或主张必须怎么做,可是做来并不如他们所相信、所主张的;这就是心手不相融,也称为眼高手低。原来相信或主张是知识方面的事儿,按照着实做是习行方面的事儿,从知识到习行,不是一步就跨得过去的,中间还有个努力历练的阶段;历练不够,两方面就不一致了。鲁迅先生的写作态度和手段,他自己说得很明白了,这些都属于知识方面;从他的作品看,又可知道他的历练非常充分,所以习行方面能够心手相应,眼光和手段一样,就行了。剖析作品的结果,才真窥见了他的思想和艺术——仅仅读他的《自序》一类文字,虽不能说无所窥见,但总之还隔着一层。

鲁迅先生说:"将旧社会的病根暴露出来,催人留心,设法加以疗治";就暴露病根的观点看,《呐喊》一集是充分注意此点的。暴露得最深广的,自然是《狂人日记》和《阿Q正传》两篇。前一篇差不多包括全部的历史;所谓病根是人与人之间互相欺凌,互相压迫(依照狂人的说法便是"吃人"),以自私为当然,不肯拿出真心来与人相见。那大家所遵从的是传统的制度和教条(依照狂人的说法便是"古久先生的陈年流水簿子"),认为"这是从来如此",碰也碰不得的;谁如果碰了它,便是"疯子",便是公众的仇敌。给狂人诊病的何先生说"不要乱想",这句话很有意味。"不要乱想"便是不要怀疑传统的制度和教条;一个人必须和众人一样,以自私为当然,不拿出一点真心来,他才不是"疯子"。可是,人人如此,"真的人"("不吃人的人")便不会出现了,"人人太平"的日子也不会到来了。这样的暴露,骤然看去,好像有点过分;但只要放开眼光,留心现实,便会见到家庭、社会乃至国家、民族之间,或为小事,或为大事,的确时时刻刻在那里起纠纷;真正"吃人"当然只是狂人的"狂"想头,而互相欺凌,互相压迫,却是今日极普遍的现象。那么,鲁迅先生所谓"旧社会",岂仅指"以前的社会"(依照狂人的说法便是"四千年来")而言;在大家还没有"从真心改起","去了这心思(指"吃人"的心思)放心做事吃饭睡觉"以前,那社会全是他所希望改良的"旧社会"了。《阿Q正传》所暴露的,差不多全是人性上的重要病根。如前面已经提到的"忌讳毛病"、"精神胜利法"、"欺软怕硬"等,表现在阿Q身上,虽不过是些可笑的言语和行动;但只要放开眼,便会见到在庄严的场合里,在体面的人物身上,也常常有类似的言语和行动。自从阿Q这个人物被鲁迅先生创造出来之后,当我们听到那些类似的言语,看到那些类似的行动的时候,便说"这是阿Q性";听的人听了这一句,也就点头同意,不待再加解释,已能心领神会:这可见那些病根的普遍存在,且被普遍认识了。前些年有人说,"阿Q时代"已经过去了,又有人说,且没有过去;于是起了争辩。依我们看来,必须现实人物的言语和行动,再没有需要用着"这是阿Q性"这句话去批评它的了,那"阿Q时代"才算过去。在还需要用着这句话的时候,即使是将来的社会,也还是鲁迅先生所希望改良的"旧社会"。

在《孔乙己》里,写孔乙己"也读过书,但终于没有进学,又不会营生",于是穷困潦倒,不免"做些偷窃的事";最后因此被打折了腿,死在不知什么地方,在人们的记忆里也就消失,好像他并没有生到世上来似的。在《白光》

里，写陈士成应了第十六回的考试，仍没有进得一个秀才；旧有的精神失常症又发作了，"贵"的方面既绝了望，想在"富"的方面取得补偿，便又去挖掘那相传祖宗埋在地下的宝藏；挖掘的结果如以前一样，毫无所得；错乱的精神更指引他到山里挖掘去，于是跌落湖里，被淹而死。这两篇暴露的是从前教育制度的病根。从前教育制度绝不注重在教育成能思想能实干的人；那只是利禄之途，谁贪那利禄谁就往这一途碰去，碰而不得如愿的当然是大多数，他们固然不一定像孔乙己似的作贼或陈士成似的发痴，但潦倒终身，虚此一生，却和孔乙己、陈士成并无二致。

《药》和《明天》两篇，题旨都是亲子之爱；亲子之爱是最原始又最普遍的，该没有什么病根了，但两篇中也暴露了一个病根，就是：因为愚昧无知，以致爱而不得其道。在《药》里，华老栓的儿子小栓害了肺痨病，老夫妻两个不惜拿出辛苦积蓄下来的一包洋钱，去买人血馒头（蘸的是杀头的犯人的血）给他吃，希望他一服而愈。在《明天》里，单四嫂子照料她儿子宝儿的病，"神签也求过了，愿心也许过了，单方也吃过了"，最后去诊地方上最有名望的医生何小仙，他听了何小仙几句莫名其妙的话，"不好意思再问"，买了一服莫名其妙的药回来，希望它有起死回生的功效。就爱子之心而论，华老栓夫妻两个和单四嫂子都算是至乎其极的了，可是并不能挽救他们儿子的死亡，即说尽人事，他们也实在没有尽得到家；这都由于他们的愚昧无知。在愚昧无知的病根之下，爱子而不得其道的父母，世间正多着呢。

《头发的故事》和《风波》两篇，题材都关于发辫。前一篇记一位 N 先生谈他剪掉发辫以后的经历：先是满清还没有推翻，到处受人的笑骂、冷待和严防，有几个学生学他的样，也剪掉了发辫，立刻被学校开除；后来民国成立了，可是"元年冬天到北京，还被人骂过几次，后来骂我的人也被警察剪去了辫子，我就不再被人辱骂了；但我没有到乡间去"；以下又谈到当时有人嚷什

么女子的剪发，以为这"又要造出许多毫无所得而痛苦的人"；最后他说了"造物的皮鞭没有到中国的脊梁上时，中国便永远是这一样的中国，决不肯自己改变一枝毫毛"的话。《风波》是张勋拥了溥仪复辟那时候发生在乡村间的故事：航船夫七斤剪掉了辫子，听说皇帝又坐龙庭了，惴惴于自己的没有辫子，他的妻子也同样的惴惴，由怨恨而至于绝望，可巧邻村的酒店主人赵七爷来了，他本来"将辫子盘在顶上，像道士一般"，这时却回复了原来的打扮，力说"没有辫子，该当何罪"，使七斤更感到着急，可是总想不出办法；幸而过了十多日，他看见赵七爷的"辫子又盘在顶上了"，从此推知皇帝不坐龙庭了，一场风波才算平静下来。这两篇中的"辫子"是"改革"的象征；一般人对改革都抱着对辫子的态度，"决不肯自己改变一枝毫毛"，这正是我国人心理上的重要病根。N先生的辫子是自己嫌它不便当剪掉的；剪掉之后，直到民国元年的冬天，在首善之区的北京，他还受人的骂。七斤的辫子是进城时被人剪掉的；剪掉之后，在传闻皇帝又坐龙庭了的时候，他自己家庭间和心理上不免掀起风波。看似重要而实际上无关重要的辫子问题尚且如此，其他的改革还能轻易谈到吗？

　　以上只是粗略的说，对于《呐喊》一集中暴露病根的部分，没有说得精密和齐全。此外的部分，希望大家在阅读的时候，逐一自己检出。鲁迅先生所以能够暴露出这些病很，由于他有深广的生活经验，又有一腔希望加以疗治的热诚。就读者一方面说，当然不应该一味盲从，见作者怎么说就怎么相信，最要紧的，得问一问：作者所暴露的是不是真际？社会间是不是确实有此病根？要回答这样的问题，必须凭藉读者自己的生活经验。如果读者对于人性和社会情形毫无所知，那简直无从知道"是不是"。但毫无所知的人到底少有，生活经验即没有作者那样深广，也往往会涉及作者所经验的范围；如见向来男子实行多妻主义，却一般的要求女子守贞操，便觉得狂人的

"吃人"之说不尽是"狂"想头;又如见败家子潦倒颓唐不堪,却盛称祖宗积德,富贵功名,世间无两,便觉得阿Q宛然如在目前。这时候,读者和作者起了"共鸣"了,他断言作者所暴露的是真际,断言社会间确实有此病根,便绝不是盲从。读者的生活经验愈丰富,从好作品里得到的东西便愈多愈精。

暴露病根的作品,其中的人物自然是"不幸的人们";在前面提到的几篇里,主人公如狂人,阿Q,孔乙己,陈士成,等等,都是的,他如狂人的大哥,用怪眼色看着狂人的赵贵翁,与阿Q打架的王胡,不准阿Q革命的"假洋鬼子",等等,又何尝不是。他们受病的情形虽各各不同;可是,同样的陷入那"旧社会"的大泽中,只能随波逐流,与"势"推移,不能跳出那大泽,另走新途径,另辟新天地,所以同样是"不幸"的人。看鲁迅先生使用"不幸"这两个字,便可知道他并没有鄙薄他们,深恶他们的意思,他只侧重在"改良社会",社会改良了,一切的"势"另换个样子,这批人也便从"不幸"之中解放出来了。因此,描写人物的手法,和一般谴责小说大有不同。谴责小说认定某一些人是坏人,把一切的坏事情都归到他们身上去,而他们的坏又似乎并没有旁的根由,只在于他们本性坏,天生是坏人。这也算是作者的一种认识,其合理与否且不论,单问作者何以要写那样的小说,从好一点的方面说,并非借此发抒愤懑,从坏一点的方面说,便是借此揭人阴私。这种认识和用意影响到读者,第一,使读者认为人是单独活动的、与社会毫无关涉的生物,翻开小说来,就想查究谁是坏人,谁是好人,而得到答案也很容易,仿佛看旧戏似的,只须认那登场人物的"脸谱",便可以明白。第二,使读者也感到愤懑,对于所谓坏人,恨之刺骨;或者得到一种窥见了人家的秘密似的快感,仿佛说,你们这批坏东西现在是赤裸裸的显现在我眼前了,此外就别无所得。《呐喊》一集中的短篇小说便不然。由于作者的认识和谴责小说的作者一样,其描写人物,着力于人物在社会中,凭其性习,与事物接触,内、外面起怎样的

变化这一方面。起变化的虽是这一个人物,但使他起这样变化而不起那样变化的因素,不完全居于他自己(前面所说"随波逐流,与'势'推移",那用"波"和"流"来作比喻的"势",便不居于他自己);这一点也极注意。如此写来,好人坏人就并不划然分明。如阿Q,总算是个极不足取的人了;他头上有了癞疮疤,口头便有许多忌讳,他时常被闲人揪住了打,便发明精神上的胜利法;他与事物接触而起这样的变化,其因素完全属于他吗? 如果社会间没有把人家的缺陷作为取笑资料的风尚,阿Q该不至于讳说"癞"、"赖",从而一转再转,连"光"、"亮"、"灯"、"烛"都讳说的吧? 如果社会间没有以撩打人为乐的闲人,阿Q该不会有"儿子打老子"、"我是虫豸"、"第一个能够自轻自贱的人,除了'自轻自贱'不算外,馀下的就是'第一个'"这些奇妙想头吧? 这样想开去,便见得阿Q虽然不足取,但他不是坏人,而是个"不幸"的人;他的"不幸"在他的习性既不高妙,又正遇着了有这样风尚、这样闲人的社会。伏在背后的可以想得出来的意旨,不就是:假如社会改良了(性习虽属于个人,但与社会牵涉之处太多了),阿Q也许会颇有可取吗? 这里就阿Q说,无非举个例,指明鲁迅先生描写"不幸"的人的手法,与谴责小说描写坏人不同,其用意则在引导读者向"改良社会"的目标走去。

鲁迅先生说:"我力避行文的唠叨,只要觉得够将意思传给别人了,就宁可什么陪衬拖带也没有。""经济"本是短篇小说的一个重要条件,陪衬拖带太多,便说不上"经济"了,但必须以"够将意思传给别人"为度。鲁迅先生对于此点,是确实能够做到的。试以《白光》一篇为例。若逐一叙述主人公陈士成状貌怎样,处在怎样的境况之中,一连应了多少回的考,以前应考失败了曾有怎样的举动,那便是陪衬拖带太多了;而且琐屑芜杂,连不成一气。所以并不那么写,而从陈士成看了第十六回的榜,还是看不到自己的名字,精神重又失常开始;这精神失常便成为一条线索,全篇写陈士成那个下午那

一晚上的思想行动，都集中在此点，而必须让读者明白的一些事情，也就交织在其中。如写他看榜时候，凉风"吹动他斑白的短发"；写他跌落在万流湖里之后，乡下人将他捞上来，"那是一个男尸，五十多岁，'身中面白无须'（以前照相还未通行，凡需要表明状貌的场合，只能用文字记载；这六个字是"仵作"填写在"尸单"上的，而应考时候也得同样填写；"身中"是中等身材，"无须"见得陈士成是个老童生——没有进学的童生，年纪无论如何大，是照例不得有须的）"；读者从这两语，便知道他的状貌。关于状貌，可写的也很多，而只写这两语，因为这两语和他的屡次失败以致精神失常有关系的缘故。头发已经斑白了，还只是个只能"无须"的童生，在一个热心于锦样前程的人，怎得不发痴？又如写他看了榜回到家里，便把七个学童放了学；租住在他宅子里的"杂姓"都及早关了门。为的是根据他们的老经验，怕看见发榜后他那闪烁的眼光；读者从这两点，便知道他的境况的一斑。宅子里收容一些"杂姓"，是家境凋零的最显著的说明；仅有几个学童为伴，生活的孤苦寂寞可想而知了。惟其如此，他对于锦样前程盼望得愈切，然而那前程"又像受潮的糖塔一般，刹时倒塌了；因此他萌生了图谋另一前程（发掘窖藏而致巨富）的想头，虽说在精神失常的当儿，却也是非常自然的事。又如让读者知道他这回应考是第十六回，只从叙述他屈指计数，"十一，十三回，连今年是十六回"带出；让读者知道他以前也曾发掘过窖藏，只从叙述他平时对于家传的那个谜语的揣测带出。这些都是不可以略的，省略了便教读者模糊；但不使这些各自分立，成为陪衬拖带的部分，而全给统摄在那个下午那一晚上他精神失常这一条线索之下；这便做到了"够将意思传给别人"，而"什么陪衬拖带也没有"。——其他各篇差不多都这样的"经济"，大家阅读的时候，可以各自研求。

鲁迅先生以旧戏与花纸为比，说他的小说也不用背景；这个话也不宜呆

呐喊

看。他所不用的背景，是指与传达意思没有关系而言。世间的确有一些短篇小说，写自然景物（鲁迅先生称为"描写风月"）费了许多的篇幅，写人物来历费了许多的篇幅；可是仔细看时，那些篇幅与题旨并没有多大关系，去掉了也不致使读者模糊，这就同旧戏与花纸有了不相称的背景一样，反而使人物见得不很显著了。那种背景当然不用，用了便是小说本身的一种疵病。至于没有了便不"够将意思传给别人"的背景，鲁迅先生却未尝不用。如《风波》的开头两节，第一节写临河土场上的晚景。第二节写农家的男女老幼准备在这土场上吃晚版，分明是背景。这背景何以要有呢？因为下文七斤为了辫子问题发愁，赵七爷到来发表"没有辫子，该当何罪"的大道理，以及九斤老太发抒她的不平，七斤嫂由急而恨，骂人打孩子，八一嫂给七斤辩护，致受七斤嫂辱骂，和赵七爷的威胁，等等，都发生在这个场面上，都发生在这吃晚饭的时间；先把场面和时间叙明，便使读者格外感到亲切——农村里的许多人，只有在这个场面这个时间，大家才聚在一起，说长道短，交换意见。并且，先叙了"场边靠河的乌桕树"，以下叙小女孩六斤被曾祖母骂了，"直奔河边，藏在乌桕树后"，以及七斤嫂"透过了乌桕叶，看见又矮又胖的赵七爷正从独木桥上走来"，才见得位置分明，使读者如看见舞台上的现代剧。先叙了大家准备在场上吃晚饭，以下叙九斤老太骂曾孙女儿的话："立刻就要吃饭了还吃炒豆子，吃穷了一家子！"才见得声口妙肖，使读者一与她接触便有如见其人的感觉。而赵七爷一路走来，大家都招呼他"请在我们这里用饭"；待赵七爷站定在七斤家的饭桌旁边，周围便聚集了许多看客；也因开头有大家准备吃晚饭的叙述，便不觉得突兀。又如《故乡》一篇，叙鲁迅先生自己还乡搬家，觉得故乡不如记忆中的故乡那么好了，而全篇中心则放在一个幼年时一起玩得很熟的乡间小朋友闰土的转变上；借此表达出生活的重担压在各人的肩上，会把人转变得与绝不相同的题旨。篇中于母亲提起了闰土的

189

当儿,便回忆幼年时与闰土结识的经过,叙他讲述许多有趣的乡间生活经验,"都是我往常的朋友所不知道的"——这部分占了一千字以上的篇幅,也是背景的性质。这背景何以要有呢?因为下文闰土到来时,鲁迅先生招呼他:"啊!闰土哥,——你来了?……"而他开口便是一声"老爷!……"这一声"老爷"暗示了他一切的转变,所以鲁迅先生接着叙道:"我似乎打了一个寒噤,我就知道,我们之间已经隔了一层可悲的厚障壁了。"而要让读者也明白这层意思,非把闰土当初是怎样一个乡下小孩子交代清楚不可,如果没有那一千多字背景的叙述,那么,鲁迅先坐听了一声"老爷"虽打个寒噤,而在读者决不会有什么深刻的印象。

《呐喊》一集十四篇小说中,只有《头发的故事》有大篇的对话;那是体裁如此,特意要让 N 先生自言自语,发一大篇议论,议论发完,小说也就完毕。以外各篇,对话都很简短,与鲁迅先生自己说的"对话也决不说到一大篇"的话完全应合。鲁迅先生曾称引或人的话:"要极省俭的画出一个人的特点,最好是画他的眼睛。"他写对话,就用的画眼睛的方法,简单几笔,便把人物的特点表现出来了。现在随举一些例子来说。如酒客嘲笑孔乙己偷人家的东西,孔乙己便睁大眼睛说:"你怎么这样凭空污人清白……"酒客又说亲眼见他偷了人家的书,被人家吊着打,孔乙己便争辩说:"窃书不能算偷……窃书……读书人的事,能算偷么?"街坊孩子吃了孔乙己的茴香豆,每人一颗,还想再吃;孔乙己看一看豆,摇头说:"不多不多!多乎哉?不多也("君子多乎哉?不多也"是孔子的话,见《论语·子罕》篇)。"这些对话,表现出孔乙己所受于书本的教养。闰土重逢分别了近三十年的鲁迅先生,劈头便叫"老爷"!鲁迅先生的母亲教他不要这样客气,还是照旧哥弟称呼时,他便说:"啊呀,老太太真是……这成什么规矩。那时是孩子,不懂事……"这些对话,表现出闰土所受于习俗的教养。又如华大妈烤好了人血馒头给小栓吃,

轻轻说:"吃下去罢,——病便好了。"小栓吃过馒头,一阵咳嗽,他就说:"睡一会罢,——便好了。"话是简短极了,却充分传出了她钟爱儿子切盼儿子病好的心情。九斤老太见曾孙女儿在晚饭前吃炒豆子,发怒说:"我活到七十九岁了,活够了,不愿意眼见这些败家相,——还是死的好。"随后就连说"一代不如一代"!等听赵七爷提到"长毛",便对赵七爷说:"现在的长毛,只是剪人家的辫子,僧不僧,道不道的。从前的长毛,这样的么?我活到七十九岁了,活够了。从前的长毛是——整匹的红缎裹头,拖下去,拖下去,一直拖到脚跟;王爷是黄缎子,拖下去,黄缎子;红缎子,黄缎子,——我活够了,七十九岁了。"这些话,具体的传出了她贱今贵古,愤愤不平的顽固心情。阿Q既决定了投降革命党,想得高兴,便大声嚷道:"造反了!造反了!"他见未庄人都用惊惧的眼光看他,更加高兴,喊道:"好……我要什么就要什么,我欢喜谁就是谁。"接着便唱起锣鼓的首节和戏文来了。"得得,锵锵!悔不该,酒醉了错斩了郑贤弟,悔不该,呀呀呀……得得,锵锵,得,锵令锵!我手执钢鞭将你打……"正在惧怕革命的赵家人见他走过,想从他那里探听一点关于革命的消息,欲说不好说,却问他:"现在……发财么?"他便回答:"发财?自然。要什么就是什么……"赵家人又说:"像我们这样穷朋友是不要紧的……"他便说:"穷朋友?你总比我有钱。"这些话,把阿Q预料前程无限的得意心情,活泼泼的烘托出来;而他意识中的革命是怎么一回事,也就同时点出。又如康大叔把人血馒头交给华老栓,说:"喂,一手交钱,一手交货!"只此一句,便传出了当刽子手的粗人的神态。驼背五少爷走进华老栓的茶馆,正是华大妈在灶下烤人血馒头的时候,他便说:"好香!你们吃什么点心呀?炒米粥么?"只此三句,便传出了闲得无聊,专爱管闲事的茶客的神态。赵七爷听七斤嫂问起"皇恩大赦",便说:"皇恩大赦?——大赦是慢慢的总要大赦罢。但是你家七斤的辫子呢,辫子?这倒是要紧的事。你们知道,长毛时

191

候,留发不留头,留头不留发……"只此数句,便传出了颇负时望,但实际上并不了了的乡村学问家的神态。在《社戏》里,鲁迅先生叙他在北京看旧戏,因为不知道台上唱老旦的那个名角是谁,就去问挤在左边的一个胖绅士;那胖绅士"很看不起似的斜瞥了我一眼,说道,'龚云甫'!"如果是到过北京的人,用北京人的声调念起来,便会觉得只这"龚云甫"三个字,已经传出了北京的"老戏迷"的神态。——以上所举例子,用简短的对话,把人物的教养、心情、神态等表现出来,使读者直觉的感到;比较用琐琐的叙述加以说明,更为有效。所有各篇的对话,差不多都是这样;与人物的教养、心情、神态等无关而徒然占去篇幅的对话,几乎可以说没有。惟其如此,自也不会有与人物不相称的对话,如乡村中人而作都会中人的口吻,劳动阶级而用知识分子的词语之类。对话与人物不相称,人物的形象便不明确生动,不能使读者当作真有这么一个人物似的那样感到;那是小说的大毛病。对话与人物相称了,然而是些普普通通的话,有固可以,没有也无妨;那样的对话只是拖带的部分,足以破坏"经济"的条件,也还是小说的疵病。必须每句对话都有它的作用,直接的,为表现人物的特点而存在,间接的,为传达整个的题旨而存在,才够得上精粹。鲁迅先生的小说便是这样的;阅读的时候,应当追求每句对话所以要这么写的作用。

不仅写对话,就是写动作,也用画眼睛的方法,使读者知道人物有某种动作之外,更知道一点别的什么。如华老栓夫妻两个准备去买人血馒头,"华大妈在枕头底下掏了半天,掏出一包洋钱,交给老栓,老栓接了,抖抖的装入衣袋,又在外面按了两下"。这就字面看,是说取钱藏钱的动作;然而老夫妻两个积钱不易,把钱看得特别郑重,为了儿子的病,才肯花掉这一包洋钱,这心理,也就在这上头传出来了。又如单四嫂子的儿子宝儿死了,对门的"王九妈便发命令,烧了一串纸钱;又将两条板凳和五件衣服作抵,替单四

嫂子借了两块洋钱,给帮忙的人备饭"。蓝皮阿五愿意帮单四嫂子筹措棺材,"王九妈却不许他,只准他明天抬棺材的差使"。当宝儿入殓的时候,单四嫂子哭一回,看一回,总不肯让棺盖盖上,"幸亏王九妈等得不耐烦,气愤愤的跑上前,一把拖开她,才七手八脚的盖上了。事后单四嫂子以为待她的宝儿已经尽了心,再没有什么缺陷,"王九妈掐着指头仔细推敲,也终于想不出一些什么缺陷"。这些就字面看,是说王九妈种种的动作;然而一个自以为能干有经验,爱帮人家作主张的乡间老妇的性格,也就在这上头传出来了。又如闰土简略的说了他景况的艰难,"沉默了片时,便拿起烟管来默默的吸烟了"。这就字面看,是说吸烟的动作;然而闰土为生活的重担所压,致变得木讷阴郁,这意思,也就在这上头传出来了。又如阿Q和小D打架,互扭着头颅,彼此弯着腰,"阿Q进三步,小D便退三步,都站着;小D进三步,阿Q便退三步,又都站着。大约半点钟,他们的头发里便都冒烟,额上便都流汗,阿Q的手放松了,在同一瞬间,小D的手也正放松了,同时直起,同时退开,都挤出人丛去"。这就字面看,是说打架的动作;然而两个人并非勇于战斗,只因实逼处此,不得不做出战斗的姿态,这意思,也就在这上头传出来了。——以上所举例子,都在写人物的动作之外,还有别的作用。集中写动作之处差不多都是如此,读者也不宜忽略过去。

此外写人物的感觉和思想之处,也有可以说的。如《狂人日记》,狂人吃了蒸鱼,便记道:"这鱼的眼睛,白而且硬,张着嘴,同那一伙想吃人的人一样。"狂人受了何先生的诊脉,听何先生说了"不要乱想,静静的养几天,就好了"的话,便记道:"不要乱想,静静的养!养肥了,他们是自然可以多吃;我有什么好处,怎么会'好了'?"这些都表现狂人的精神失常,神经过敏,因他一心认定"吃人"两个字,便把一切都联想到这上头去。又如写华老栓在天刚亮时出去买人血馒头,所见的路人,护送犯人的兵丁,看"杀人"的看客,以

及"杀人"的场面,都朦胧恍惚,不很清楚。这表现华老栓从半夜起来,作不习惯的晓行,精神不免异样;更因心有所注,专一放在又觉害怕又存有绝大希望的那件事情(买人血馒头)上,所以所见都成了奇景。又如写宝儿的棺材抬了出去之后,单四嫂子忽然觉得屋子太静、太大、太空了,包围着她,压迫着她,使她喘气不得。这表现单四嫂子似的粗笨女人丧了唯一的爱子之后的感觉,最是真切;若写她有种种的敏锐感觉,有思前顾后的许多想头,便不成其为粗笨女人了。又如《一件小事》,写那车夫扶着自称"我摔坏了"的老女人向巡警分驻所走去,"我这时突然感到一种异样的感觉,觉得他满身灰尘的后影,刹时高大了,而且愈走愈大,须仰视才见。而且他对于我,渐渐的又几乎变成一种威压,甚而至于要榨出皮袍下面藏着的'小'来"。这表现车夫对事认真,绊倒了人,生意也不顾了,定须照例到巡警局去理会,这是他的"大";而"我"却对事苟且,见老女人并没有受什么伤,便教车夫"走你的罢",替自己赶路,这是"我"的"小";"小"和"大"相形,便仿佛觉得车夫的后影非常高大,而且对"我"有压迫之感了。

如以上所说,可见写人物的动作和感觉,思想的部分,也和对话一样,直接的,为表现人物的特点而存在,间接的,为传达整个的题旨而存在。这种笔墨,就一方面说,也是叙述,因为它把对话、动作、感觉、思想等写在纸面,让读者知道,与一切文字的叙述相同;但就另一方面说,便是描写,因为它把人物生动的钩勒出来,把故事生动的表现出来,让读者感受,与绘画、戏剧有同样的作用。谈论小说的人常常使用"描写"一词,便指这种笔墨而言。鲁迅先生善于描写,他说"可省的处所,我决不硬添",反面的话没有说,其实不该省的处所,他也决不硬省;因此,他的小说无不是精粹之作。

鲁迅先生自己说:"没有相宜的白话,宁可引古语,希望总有人会懂。"他所谓古语便是文言。在《呐喊》一集中,引用文言的处所其实极少,只有《阿

Q 正传》一篇是例外。关于《阿 Q 正传》中引用文言一层，张天翼先生《论〈阿 Q 正传〉》的《关于〈序〉及其他》一节里，曾经提及，颇有所发明；现在摘抄在这里。那一节是用主客对话的形式写成的。

主："创作里面总不该用那些非现代语的句子和词儿"——我完全同意。记得鲁迅先生在一篇文章里谈过，说有人要是写山，拿"崚嶒""巉岩"之类的词儿来形容它……（谈到这里，客人弄不明白这两个词儿是哪四个字，主人就在纸上写给他看。客人笑了起来。）你看这样的词儿！读者读了，那简直不知道这山到底是个什么样子。连作者自己也不知道。这些词儿只是他从旧书上抄下来的。鲁迅先生批评了这种写法。真的，这类词儿实在没有表现出什么来。旧句旧词拿来这么用法，那是三家村老学究式的创作方法：活人说死话。然而《阿 Q 正传》里那些旧句旧词的用法，那正也是我们刚才谈过的——正是拿来示众，拿来否定它的。

客：（接嘴。）也跟他的杂感文一样，是讽刺那些死话的。跟那些什么"崚嶒"的用法——绝对是两回事。

主：是的，是一个讽刺。不单是讽刺了那些死话的形式，而且还讽刺了那些死话里所含的意义。（接过《呐喊》来。）例如，"夫文童者，将来恐怕要变秀才者也"，我想世界上决不会有这样的傻瓜，就以为这是作者的正面文章，要叫天下的人都去尊敬文童。也决不会有人把"不孝有三，无后为大"、"若敖之鬼馁而"这些，以为是作者要说的话。这些句子在这篇作品里所起的作用，也跟（指着书上。）"即此一端，我们便可以知道女人是害人的东西"一样：作用是相同的。这并不是作者自己的意见，也不是作者自己所要说的话。这些——是透过这作品中那些人物来说的,是用了那些人物的口气来说的。这些意见,是未庄文化圈子里那些人物的意见。作者对未庄文化是否定的,讽刺的。而这些词句的拿来用到这里,也就是对它的含义和形式加以否定和讽刺,换一句话说,那么作者所写下的这些词句,倒恰好是一种反语。

客:(微笑。)这种旧词儿还很多哩。(一面翻着书找着,一面说。)比如——"立言"、"引车卖浆者流"、"著之竹帛"、"深恶而痛绝之"、"诛心"、"而立"、"庭训"、"敬而远之"、"斯亦不足畏也已"、"神往"、"咸与维新"……这些这些——用在这里就显得极其可笑,正也跟引用"先前阔"、"假洋鬼子"、"一定想引诱野男人"的女人、"假正经"、"妈妈的"这类的话一样可笑。

主:作者正要我们笑它:To laugh it to kill.

客:(想起了一件事。)哦,对了!喜欢引用旧句旧词的这种作风,的确不仅是因为读了旧书而已。(自言自语似的。)唔。如果这仅仅只是因为读多了旧书的话,那么三家村老学究和写"峻嶒"的作者也都是读多了旧书,可是一写出来,态度各不相同:一种是把那些旧句旧词当作正派角儿上台,一种可是把它当做歹角和丑角上台。不错,鲁迅先生欢喜引用旧句旧词的这种作风,他的这种引用法——正是出于他的思想和情感,出于他那是非善恶的判断:这正表现了他对未庄文化的批评态度。

主:我认为这一点比"读多了旧书"那个原因还重要得多:这一点,是构成这种作风的更主要因素。(稍停。)我认为我们要是把一个词儿,一句话,一个举动的描写等等——全都孤零零地单独提出来看,那就无所谓作风不作风。我们一定要看看这作者用起这些东西来,是怎样一个态度,他把它用在什么地方,怎样用法,等等,这才看得到他的作风。

爱
的
教
育

一

　　本书初版,在民国十五年发行。过了十多年,又经译者修改过一遍,把一些带有翻译调子的语句改得近乎通常的口语,其他选词造句方面也有修润,这便是修正本。现在买得到的,大概是修正本;所以本篇指称页数和引用原文,都依据着它。修正本有几处显然排错的地方,先在这里提出一下,诸位同学可以改正了再看。第三十页第八行"母亲"该是"父亲";这"我的母亲"一节,所记的话完全是父亲说的。第二百七十二页第十一行下方漏掉"父亲"两字,这"格里勃尔第将军"一节也完全是父亲的话;照本书的格式,凡是记录父亲、母亲或姊姊的整篇的话,都低一格写,这一节没有低一格,也是错误。第二百七十五页第八行下方也漏掉"父亲"两字;这"意大利"一节也低一格写。第二百九十七页第十行下方漏掉"母亲"两字,看"母亲的末后一页"这个题目便可以知道。

本书命名的来历,看卷首《译者序言》便能明白。原作者亚米契斯的生平,可看卷首《作者传略》。这是作者作品中间销行最广的一部书;在意大利儿童读物中间,也算是最普遍的。意大利为什么会产生这样一部书?意大利人又为什么欢迎这样一部书?都和意大利当时的社会情形、政治情形有关系。关于意大利当时的社会情形、政治情形,现在先约略说一说,使诸位同学对于本书的立意可以多一点了解。本书中有少数几节是关涉到意大利的历史的,也必须略知意大利的情形,读下去才不至于茫无头绪。

欧洲各国打败了法国的拿破仑(1815)之后,三十多年间,奥地利的势力最为强盛,由首相梅特涅掌握大权,在国际间占着主人翁的地位。当时各国因受美国独立(1776)和法国革命(1789)的影响,民权思想已很普遍;一般新党对于在梅特涅领导下的社会、政治制度很不满意,都想起来革命。且说意大利,其时绝对没有政治上的统一,各邦的君主都依附着奥地利,把旧时的种种苛政恢复过来。这使爱国志士非常痛心,便有许多秘密团体组织起来,从事革命运动。"烧炭党"是其中最有名而且最有力量的一个。但因奥地利派遣军队到来,革命运动暂时被镇压下去了。这是公元 1820 年到 1821 年间的事。到了公元 1848 年,奥地利民众起来革命,把梅特涅赶走。意大利人闻风响应,强迫撒地尼亚王查理阿尔柏特出任抗奥地利的领袖,想把奥地利的势力完全驱逐出境。但战争失败了,不得已与奥地利订立停战条约,把军队退出业已取还的隆巴尔地。下一年春天,意大利各地的民权运动盛极一时;撒地尼亚的民主党人重张旗鼓,用武力驱逐奥地利人。但这运动不久又失败了。于是查理阿尔柏特让位于他的儿子维多利亚爱马努爱列二世。维多

利亚爱马努爱列二世得到三个人的帮助,终于在公元1861年成立了统一的意大利王国。那三个人便是加富尔、马志尼和加里波的。

加富尔是现代欧洲史上一个伟大的政治家,向来反对专制政体,羡慕英国的国会制度。他长于解决实际问题,不肯但凭理想。自从任了首相以后,极得爱马努爱列二世的信任,他便专心致志于发展国内的富源,提倡教育的普及,改良军队的组织。因此之故,撒地尼亚不久就成为一个富强而且开明的国家,一方面足以驱逐奥地利人,另一方面足以吸引国内其他各邦的倾慕。内政上既有相当成效,又从事外交上的工作,联络英法两国。结果得到法国拿破仑三世的援助,在公元1859年,意法两国联军把奥地利人打得大败。

马志尼是意大利当时革命党人中间最有名的一个。他原是个文学家,曾经加入烧炭党。后来看见烧炭党人大都口是心非,大不满意,便另行组织一个“少年意大利党”。这个党的潜势力非常之大,使国内人才在精神上集合拢来。他们和当时各国的革命党人一样,不但抱持民权主义,且也抱持民族主义;以爱国、爱民族为高于忠君的美德,以全国民众大团结为非实现不可的目标,他们要建设一个统一的民族的国家。爱马努爱列二世和加富尔所以能够成功,实在得力于马志尼所领导的少年意大利党人为多。

加里波的是个军事天才。他早年就从事革命工作,屡次失败,逃往国外,常常往来于南北美洲。公元1859年,撒地尼亚和奥地利战争,他才回国加入军队服务。下一年,意大利中部各地并入撒地尼亚王国;南部的西西里人也起来背叛西班牙方面的波旁族的统治势力。加里波的便乘机统率他的红衣志愿军一千人,由热那亚南下援助,不到三个月工夫,就把西西里岛征服。于是再渡海登陆,把那不勒斯王赶走。由西西里王国的人民公决把本国领土并入撒地尼亚王国。其年11月间,加里波的和爱马努爱列二世并辔进那不勒斯城,沿路人民无不欢声雷动。

公元 1861 年 2 月,意大利统一后的国会,在首都丘林,开第一次会议,议决以意大利国王的尊号上给爱马努爱列二世。现代的意大利王国于是正式成立。自从对奥战争到这时候,仅有两年的短时间,一般都认为现代世界史上少见的伟迹。到了公元 1866 年,普鲁士、奥地利两国战争;意大利得到普鲁士的援助,乘机向奥地利收回威尼西亚地方。公元 1870 年,法国拿破仑三世因屡次败于普鲁士,把驻防罗马城的法国兵士召回;意大利又乘机进占罗马城。于是意大利半岛完全统一,首都也从丘林迁到了罗马。

诸位同学手头如果有世界地图,最好翻出来,看一看意大利的形势。

从前面所说的意大利建国略史,可以知道作者所处的是怎样一个时代。本书中充满着爱国、爱民族的情绪,对于教育、对于军事,都极端推崇,几乎到了虔敬的地步;这正是所谓时代精神的表现,何况如《作者传略》里所引"近代意大利文学"的话,他"自称为马志尼的弟子,他的信仰,他的癖性,都属于马志尼派"。本书初版出于何年,不得而知。但据第四卷"维多利亚爱马努爱列王的大葬"一节,可知本书是从公元 1881 年 10 月起记,到公元 1882 年 7 月为止(爱马努爱列二世死于公元 1878 年,这一节里说"四年前今日"国王大葬,可证其年是公元 1882 年)。假定本书的撰作就在这年(其年作者三十七岁),这以后正是意大利人从奋斗中得到满足,意兴非常发皇的一段时期,说到爱国、爱民族,主张教师神圣、军人神圣,谁又不中心激动,五体投地? 这便是本书所以受普遍欢迎的原由了。

二

本书算是一个小学生在校一学年,共十个月的日记。那个小学生名叫

安利柯;父亲亚尔培脱勃谛尼,是个技师。日记并不每天都记;最多的是二月,记了十三节;最少的是七月,只有四节;十个月共一百节。除了最后一个月(7月),九个月中都有一篇"每月例话",是教师讲给学生听的关于高尚的少年的故事,由学生笔记下来的。"每月例话"用的旁叙法;就是说,作者但作客观的叙述,自己并不在文中露脸。"每月例话"以外各节,如通常日记一样,用的自叙法;就是说,所叙思想情感都是属于安利柯的,所闻所见都是通过了安利柯的耳目的。后一节和前一节,往往互相联系,使读者不觉得突兀。如第一节"始业日"叙述换了个新先生,结尾说"学校也不如以前的有趣味了";第二节"我们的先生"便用"从今天起,现在的先生也可爱起来了"开头,描写新先生的性态,记载新先生的谈话,便是一例。

这一学年的日记不只记学校生活,也有校外的种种事故,个人的、家庭的,乃至社会的,总之以安利柯为线索。除安利柯是主人公以外,属于家庭的,有安利柯的父亲、母亲和姊姊。属于学校的,有男教师、女教师和同学,都在书中担任重要角色。对于父亲、母亲和姊姊,并不特别提叙,只在涉及他们的处所,描写他们的性格和姿态。对于男教师,第一卷的"我们的先生"和第二卷的"校长先生"两节是提叙;全校八位男教师都讲到了,而特别详于安利柯那一级的教师和校长先生。对于女教师,第一卷的"我的女先生"、第二卷的"弟弟的女先生"和第三卷的"女教师"三节是提叙。对于同学,第一卷的"同窗朋友"一节是提叙;一级中间共有五十五个学生,而这一节里只叙了十五个,以后提到的就是这十五个(还有一个在第一卷"灾难"一节里叙及的因救人而受伤的洛佩谛)。以上所说提叙的几节都须仔细看,把各人的大概情形记住,看下去才不至于搅不清楚。书中在提叙的时候,不一定把其人名字点明,以后再行提到时,名字方才出现;如"同窗朋友"一节里只说"有一个小孩绰号叫做'小石匠'的",那个小孩名叫安东尼阿拉勒柯,要看了第三卷"小石匠"一节才知道;这一层也须注意。

　　仔细看过提叙的几节,你就对于书中的重要角色有个扼要的印象了;于是一节节读下去,可以看他们种种的活动。那种种的活动,犹如一把刻刀在你的心上一回又一回的刻着,使你对于他们的性格和姿态,印象愈来愈深。原来作者先想定了这么些人物,他们的性格和姿态,都宛然如在目前,然后下笔;所以能够前后一贯,在读者心上留下深刻的印象。在有些长篇小说里,人物的性态往往有转变,前后不尽一样;其所以转变的因素,在外的是环境,在内的是心理,环境和心理有移动,性态自也转变。本书的体裁虽是日记,实际也是一部长篇小说,人物的性态却是很少转变的;只有泼来可西的父亲,那个铁匠,先是虐待儿子,习惯不良,自从儿子得了奖赏(第五卷"赏牌授与"),他的脾气改好了,和以前竟如两人,是个显著的例外。这因为本书所叙,时间仅占十个月,不能算长。在这十个月中间,安利柯和一班同学,所处的环境无非平静的丘林地方的学校、家庭和社会,他们心理上虽不能说绝无移动,但还不至于使性态有显然的转变的缘故。知道了这一层,便可以明白本书和前面提及的有些长篇小说不同;那些小说描写人物的性态,打个譬喻说,是沿着一条线进展的;而本书却注重在性态的某几点,并不注重在进展。一个人的性态不容易一下子描写尽致,所以分开几处写;在不同的事件和场合上,把性态的某几点再三刻画,于是性态不是平面的,而是立体的了。

　　本书为什么以技师的儿子安利柯为主人公? 这有可以说的。像技师一类人物,在社会上属于所谓中层阶级,不如富贵之家那样占有特殊地位,也不如劳苦之家那样处处逊人一筹。从所受的教养和生活的经验上,他们最深切感到爱国、爱民族的必要(主张革命维新的人大多出于中层阶级);其他公民道德方面,也是他们知道的多、实践的多。作者写作本书,根本意旨在教训小学生乃至一般人;其教训的内容是中层阶级的爱国、爱民族的思想,

以及种种公民道德。这惟有用一个中层阶级的儿童作主人公,让他应付各事,就在叙述各事的时候,把教训传达出来,最为方便。还有许多在故事中没有传达得尽的教训,也可以借指导的口吻,径直的发挥一阵;所以本书各节,除了叙事而外,特别有"记言"一体,专记父亲、母亲和姊姊的教训。大凡教训人家,不宜摆起教训的架子来;说个故事,谈阵闲天,使人家自能悟出其中所含的教训,不但悟出而已,且能深深感动,这是最高妙的。径直的发挥一阵,是摆起教训的架子来了,效果要差一点。本书虽用记言体,而并不多(用占全书五分之一不到一点),其故在此。记言的各节都与故事密切关联,仿佛就是故事之中的一部分,靠这办法,直接教训的气味也就减轻不少。

《译者序言》里说:

> 书中叙述亲子之爱、师友之情、朋友之谊、乡国之感、社会之同情,都已近于理想的世界;虽是幻影,使人读了觉到理想世界的情味,以为世间要如此才好。

这差不多说本书的写法属于理想一派,并非写实一派。大概从教训的动机写下来的东西,不能没有"要如此才好"的意味,一有这个,自然入于理想一派。但本书叙述各人的思想行动,都切近人情,事实上未必尽有,而人情上可能有;描写人貌物态,又根据细密的观察和深入的体会;所以能像写实一派的作品一样,给人一种亲切之感。

阅读本书的时候,可就全书一百节顺次在题目上加个数目。这样,深究起来就方便多了。譬如,你把涉及卡隆的各节的节数都记下来,第二回汇看那九节,就可以看出卡隆的性态的整个,以及作者用什么方法描写卡隆的性态。又如,你把涉及可莱谛、泼来西可、克洛西等家庭状况的各节的节数都

记下来,第二回汇看那几节,就可以看出中层阶级的安利柯对那些家庭作何感想,以及作者所表现的家庭给予儿童的影响又是怎样。又如,你把有关舍己助人的各节的节数都记下来,第二回汇看那几节,就可以看出作者心目中的义勇观念是怎样,又可以推求那种义勇观念的动机是什么。你要研究作者怎样描写人情,摹状物态,都可以用这样方法;那是说不尽的。记下节数的时候,如果顺便记下阅读当时的印象或意见,自然更好。把零星的印象或意见汇集拢来,你的深究就有了凭借,有了线索,绝不至于全不着拍了。

本书原名 Coure,这个意大利字是"心"的意思。"心"字的确可以统摄本书;书中人物不少,故事很多,人与人之间有各个不同的关系,但无非相感以"心"、相爱以"心"的具体例子。单说个"心"字还不免笼统;若说得精切些,作者在本书中所表现的乃是"善推的心"。什么叫做"推"?就是推己及人,推近及远。书中人物的见解和行动,差不多都从"推"字出发。如父亲给与安利柯的教训:勉励他勤学,以全世界的儿童如果停止了求学的活动,人类就将退回野蛮的状态着想(第一卷"学校");教他同情穷苦的人,以丐妇不得人帮助时的难过心情着想(第二卷"贫民");教他敬爱教师,以意大利五万小学教师,为国民的进步、发达而劳动着想(第三卷"感恩");给他说明爱国的理由,以国人的血统、祖墓、语言、文字、人物、环境都是属于意大利的,彼此构成个不可分的整体着想(第四卷"爱国");都是显著的例。又如,校长要鼓励学生向军队致敬,向军旗致敬,便说军队之中,意大利各处的人都有,意即说这便是意大利全国人的缩影,足见全国人都热烈的保卫国家;旗还是公元1844年当时的旗,为了国家,其下曾战死了不知多少的人(第二卷"兵士")。安利柯看见曾为罪犯的人叫住了代洛西,问代洛西为什么爱护他的儿子(克洛西),其时代洛西脸红得像火一样,没有回答;安利柯便想象代洛西心中要说的话道:"我的爱他,因他不幸的缘故;又因为他父亲是不幸的人,是忠实

地偿了罪的人,是有真心的人的缘故。"(第六卷"七十八号的犯人")这些见解,也从"推"字而来,与安利柯的父亲颇相一致。至于人物的行动,凡读过本书的人,该会注意到书中特多关于体贴人情的描写。体贴人情,就是"己所弗欲,勿施于人",反过来,就是:他人所愿欲的,务须努力使他满足,他人的满足,也就是自己的满足。若不是"善推",就不会有那种行动。安利柯跟了母亲去布施贫民,发觉那人家的儿子是自己的同学(克洛西),轻轻的告诉了母亲;母亲就教他不要作声,说:"如果他觉到自己的母亲受朋友的布施,多少难为情呢!"(第一卷"贫民窟")"小石匠"访问安利柯,把衣上沾着的白粉沾在椅背上,安利柯想用手去拍,被父亲按住了手;过了一会,父亲却偷偷的把它拭去了。事后父亲说明道:"在朋友前面如果扑了,那就无异于骂他说:'你为什么把这弄龌龊了?'"(第三卷"小石匠")代洛西去探访害着重病的"小石匠",把新近得到的挂在胸前的赏牌取下,放入袋里;同去的安利柯问他为什么,他说:"我自己也不知道,总觉得还是不挂的好。"(第六卷"病床的小石匠")卡隆新遭母丧;那一天放学的时候,安利柯看见母亲来了,就跑过去想求抚抱,母亲却把他推开;他起初莫名其妙,及见卡隆的悲哀孤独的神情,才悟出了母亲推开他的缘故(第七卷"卡隆的母亲")。这些例子,都是属于"己所弗欲,勿施于人"一类的。可莱谛当安利柯往访的时候,忙着用锯截柴,说要在父亲回家以前把柴锯完,使父亲见了欢喜(第二卷"朋友可莱谛")。卡洛斐掷雪球,误伤了一个老人的眼睛,他去探访那老人,把自己费尽心血、搜集而成的邮票帖送给他,作为礼物;后来那老人把邮票帖送还卡洛斐,并且加粘二张瓜地玛拉的邮票,那是卡洛斐搜求了三个月还没有得到的(第三卷"坚忍心")。泼来可西来到安利柯家里,在安利柯的玩具中间,很像特别中意那小火车,安利柯心想把小火车赠他,父亲也示意于安利柯,要他赠他;于是泼来可西带了那小火车回去(第五卷"玩具的火车")。安利柯和姊姊闻知家里要没有钱了,大家愿意牺牲,特地向母亲说明,先前答应他们购买的扇子和颜料盒都不要了,可是第二天早晨就餐时候,安利柯的食巾下面藏着新买的颜料盒,姊姊的食巾下面藏着新买的扇子(第八卷"牺牲")。这些例子,都是属于"以他人的满足为满足"一类的。以上不过随便举出,使诸位同学对于所谓"善推的心"有个明晰的观念。这种例子多得很,不能也不必尽举。本书作者把这种"善推的心"赋与书中的人物,编成许多故事,以传达他的教训。爱父母、爱师、爱朋友、爱军人、爱劳动者、爱穷苦的人、爱残废的人、爱死了的人、爱学校、爱社会、爱国家民族,伦理方面的许多项目差不多都提到了。因为一切的爱都出于"推","推"根本就是感觉和情绪方面的事儿,所以本书对于一切现象,多从感觉和情绪方面发挥,很少用剖析之笔。有一类小说用了剖析之笔写故事,在故事的背后,往往隐伏着关于人生、社会的问题,待读者自己去解答。本书并不属于那一类;它注重在引起读者的感觉和情绪,以"善推的心"感染读者。

试举一个例子。克洛西的父亲的故事,见于第五卷"囚犯"和第六卷"七十八号的犯人"两节。那人是个细木工,因为主人虐待他,发起火来,把刨子掷过去,误中了主人的头部,主人致命,于是犯了罪。他被禁在监狱中六年,才得释放出来。若用剖析之笔,他被虐待当时的愤怒心情,以及在监狱中六年心情上的变动,多少要刻画一点。但本书并不刻画,对于他的犯罪,只说"与其说他是恶人,毋宁说他是个不幸者"(第一一一页);对于监狱生活给予他的影响,只说"学问进步,性情因以变好,已觉悟自己的罪过,自己痛悔了"(同页);都是寻常的述说。而于一个墨水瓶的赠与,却费了许多笔墨,成为"囚犯"一节的中心。原来作者意在借此一事,引起读者感恩的情绪和同情于罪犯的情绪。那人的性情,以前是否完全不好?到出狱时候知道感恩,是否由于监狱把他改好了?这些是作者不想去剖析的。作者又写代洛西发觉

了克洛西的父亲是罪犯,就要安利柯务守秘密,不要让克洛西知道(第一一三页);及安利柯和代洛西看见了那父亲,两人和克洛西告别,都把手托在颐下,又写道:"克洛西的父亲虽亲切的看着我们,脸上却呈露出若干不安和疑惑的影子来,我们自己觉得好像胸里正在浇着冷水。"(第一一四页)后来又遇见了,那父亲问代洛西为什么那样爱护他的儿子,代洛西没有回答,安利柯解释其故道:"大约是因眼见着曾杀过人,曾住过六年监牢的犯人,心里不免恐惧了罢。"(第一五二页)最后,"克洛西的父亲走近拢去,想用腕勾住代洛西的项颈,终于不敢这样,只是把手指插入那黄金色的头发里抚摸了一会,又眼泪汪汪地对着代洛西,将自己的手放在口上接吻,其意好像在说,这接吻是给你的"(同页)。这些都是告诉读者一种感觉:普通人和罪犯之间,心理上总存着一条界限;一方面虽具有十二分同情,但"心里不免恐惧";另一方面虽"已觉悟自己的罪过",但不敢去勾住同情于他的人的项颈。这条界限从何而来?是不是在感觉上可以撤除?也是作者不想去剖析的。

从感觉和情绪方面发挥,可以说是本书的根本手法。父亲、母亲的直接教训如此;安利柯记他的经历见闻如此;插进去的九节"每月例话"也如此。如写卡隆的正直:如果有人说他说谎,"他立刻火冒起来,眼睛发红,一拳打下来,可以击得椅子破"(第二四页)。写女先生的辛苦:既已费尽心力对付学生,"学生的母亲还要来说不平:什么'先生,我儿子的钢笔头为什么不见的',什么'我的儿子一些都不进步,究竟为什么',什么'我的儿子成绩那样的好,为什么得不到赏牌',什么'我们配罗的裤子,被钉穿破了,你为什么不把那钉去了的'"(第二七至二八页)。写校长的终于不愿放弃教育事业:当他要辞职踌躇未决的时候;忽有一个人领了孩子来请许转学,校长把那孩子的脸和桌上的亡儿的照片比较打量好久,说了一声"可以的",随后就把预备好的辞职书撕了(第三五页)。写父亲的体贴人情:当安利柯想拍去"小石匠"沾在椅背上的白粉的时候，"不知为了什么，忽然父亲抑住我的手，过了一会，父亲自己却偷偷的把它拭了"（第五五页）。写代洛西的熟悉地理：他闭了眼讲给朋友听道："我现在眼前好像看见全意大利。那里有亚配那英山脉突出爱盎尼安海中，河水在这里那里流着，有白色的都会，有湾，有青的内海，有绿色的群岛。"（第八二页）写斯带地的镇静：当他打胜了欺侮他妹子的勿兰谛之后，检点书包里的书册笔记簿。用衣袖拂过，又数一数钢笔的数目，放好了，"然后像平常的态度，向妹子说：'快回去罢！我还有一问算术没有演出哩！'"（第一四七至一四八页）以上所举，都就感觉着笔，使读者如闻其声，如见其态。

又如教师请学生各给他一颗真心，说："我现在并不是想你们用口来答应我，我确已知道你们已在心里答应我'背的'了。"（第四页）教师给全班学生介绍格拉勃利亚的小孩，说格拉勃利亚是名所，是名人的出生地，是产生强健的劳动者和勇敢的军人的地方，又是风景之区（第六页）。泼来可西明明是常被父亲打的，当同学劝他告诉校长，请校长替他向父亲劝说的时候，他却"跳立起来，红着脸，战抖了怒声说：'这是没有的事，父亲是不打我的！'"（第八〇页）勿兰谛因为不守校规，被斥退了；他的母亲跑到学校里，哭着向教师恳求道："我为了这孩子，不知受了多少苦楚！如果先生知道，必能怜悯我罢。对不起！我怕不能久活了，先生！死是早已预备了的，但总想见了这孩子改好以后才死。"（第九八页）街上抬过受伤的劳动者，勿兰谛挤在人群中闲看；一个绅士怒目向着勿兰谛，用手更把他帽子掠落在地上，说："除去帽子！蠢货！因劳动而负伤的人正在通过哩！"（第一一〇页）以上所举，都就情绪着笔，是情的喷吐；多少有些压迫的力量，使读者不得不被它感动。

本书中有好些节，叙写兼注于感觉和情绪两方面，对某一题旨造成一种

空气,把读者包围在那空气中间。现在举两节为例。一是第六卷"赏品授与式"一节。其中写授与赏品的会场,写参与该会的各色人物,写七百个小孩的合唱,写代表意大利全国十二区的少年的登台受赏,写乐队的奏乐,写满场观众的喝彩和抛掷花朵,都是从感觉方面把一个规模盛大、精神奋发的集会烘托出来,使读者的"耳目之官"仿佛亲自接受到那些感觉。接受赏品的少年是十二个,是代表意大利全国十二区的,这在读者已经知道了;而在十二个少年上了台,一列排立的时候,忽然场中有人叫喊:"请看意大利的气象!"虽只是一句话,其中蕴蓄着多少爱国的情绪啊!读者读到这一句,想到国家的前途系于少年,想到全国各区少年齐集在一起所含的象征意义,更想到其他,他虽不是意大利人,对于他自己的国家,必将深深的爱着了。给赏之后,判事演说;演说辞不全记,只记末了几句:"但是,你们要在离开这里以前,对于为你们费了非常劳力的人们,应该致谢!有为你们尽了全心力的,为你们而生存,为你们而死亡的许多人哩!这许多人现在哪里?你们看!"这几句话蕴蓄着多少敬师的情绪啊!读者读到这里,对于通常认为卑卑不足道的小学教师,必将另有个看法;他们是关系国家前途的少年们的教导者,他们是神圣。"请看意大利的气象"那句话虽只由一个人叫喊出来,敬师的几句话虽只是判事个人的演说,但从会场的热烈情形上,很可以想见他们二人实在吐出了全场的心声。若没有热烈情形的描写,他们二人的话是无法安插的,写了下来也是没有效果的。惟其兼注于感觉情绪两方面,如上所说,结果乃造成一种空气,表达出爱国的题旨(敬师也为的爱国)。

又一例是第八卷"诗"一节。那是父亲的教训,题旨是学校生活的情味好像诗。篇中随举从教室里传出来的教师讲话的片段,又从静的瞬间写,说"静得像这大屋中已无一人一样",更从动的瞬间写,说"小孩们从教室门口水也似的向大门泻出",又随举学生家属见着他们孩子时问话的片段;这些是人人经验过的对于学校的感觉。把这些综合起来,加上想象,于是教师的热情教育,家属的殷勤期望,那一批孩子当前的生意蓬勃、将来的未可限量,都宛然如在目前。想象到这些,爱学校的情绪自然引起来了;学校不仅是许多孩子与若干教师聚集的场所,而是一首充溢着生命的诗,其精神的美,永远值得歌咏赞叹。——这一节就文字上看固然专从感觉方面着笔,但所写感觉有唤起情绪的作用,所以也是感觉和情绪双方兼注。

三

本书中九节"每月例话"是插入的故事。其中"少年爱国者"、"少年侦探"、"少年鼓手"三节,题旨都是爱国。后两节没有什么,读了"少年爱国者"那一节,却该知道一点:那种爱国未免偏于感情,即此为止,也还没有弊病;若顺此发展开来,以为本国的一切都是好的,不容他国人批评的,那就要不得了。那节故事很简单:一个穷苦的意大利少年在海轮中,受了三个外国人周济他的钱,那三个外国人喝醉了,批评意大利种种的不好,甚至于说意大利人是强盗。当"强盗"两个字刚说出口的时候,那少年把得来的纯金丢到他们身上,怒叫说:"拿回去! 我不要那说我国坏话的人的东西。"故事就此完了。那末了的动作与话语,就是通常谈小说的所谓"顶点";人家侮辱我的同国人,我动怒而加以呵斥,确是人情之常;若再加上一些叙说,表明听取他国人的批评,不能纯凭感情,有时很要理智,那自然同于蛇足。但纯凭感情的爱国,往往流于狂妄,从唯我最好到唯我独尊,势必至于蔑视他国,排斥他国。现代世界的纷扰不安,未尝不是此种爱国心存在那里作祟。惟有知道己国的可爱在哪里,忠心诚意的爱着;又知道己国的缺失在哪里,与同国人共同努力,弥补此缺失,直到绝无缺失为止;那才是现代公民应持的态度。

而那种态度,是不凭理智不会有的。

此外,"洛马格那的血"、"少年受勋章"、"难船"三节,题旨都是舍己救人。舍己救人的动机,从一方面说,由于人己一体的观念。既认定人己一体,他人将要遇到的灾害,就如自己的灾害一样,若不竭力抵御,不是对不起他人,简直是对不起自己:这样想时,自然表现出舍己救人的行动来。从另一方面说,由于灾害宁归于我的观念。这种观念的反面,便是乐利宁归于人;许多圣贤豪杰的存心,实在也不外于此。既见灾害到来,猜测其结果,必将有人受难,与其让人受难,不如由我来受。这样想时,自然也表现出舍己救人的行动来。以上两种观念原是相通的,不过前者着眼于己的方面较多,后者着眼于人的方面较多罢了。三节故事中的主人公都抱着舍己救人的精神,显然的,作者意欲教训读者,使读者实践这种人类社会间的美德,至少也得理解这种美德。

"洛马格那的血"一节,故事是这样的:一个深夜里,洛马格那街附近的一所屋子里,费鲁乔和他的外祖母(书中作祖母,但据"我是你母亲的母亲"一语,应该是外祖母)两个人留着,父亲母亲都有事出去了。费鲁乔是个欢喜赌钱常常和人打架的孩子,这时刚才回来;外祖母询知他又干了恶事,便一面哭着一面用温和的言辞劝戒他。可是他生性刚强,听了外祖母的话,只是默不作声,并没有认错的表示。这使外祖母更痛伤了;于是说到她自己的将死,说到他幼小时怎样的柔顺,但愿他能够回复到那时的柔顺。费鲁乔感动了,"心中充满了悲哀,正想把身子投到祖母的怀里去",两个强盗进来了。当其中一个的面幕偶而落下来的时候,外祖母认出是一个熟人,叫出他的名字。那强盗便"擎起短刀扑近前去;老妇人立时吓倒了。费鲁乔见这光景,悲叫起来,一壁跳上前去,用自己的身体覆在祖母身上。强盗在桌子上碰了一下逃走了,灯被碰翻,也就熄灭了"。在黑暗之中,费鲁乔才说出强盗未来

以前的心中言语，请求外祖母饶恕他；外祖母说她已经饶恕他了。于是费鲁
乔再也不作声，原来他代替了外祖母，背部被强盗的短刀戳穿，他死了。

这故事无非说费鲁乔的恶行只是一时的过误，骨子里却如书中所说，有
着"壮美的灵魂"。严格说起来，故事并不能算写得好；前半节的外祖母责备
费鲁乔和后半节的费鲁乔被杀，有些勉强牵合拢来似的。费鲁乔和外祖母
没有一点仇恨（当时也不过不肯认错而已，怨恨外祖母的心是没有的），却有
十多年来依依膝下的情意，看见强盗擎起短刀向外祖母扑去，当然会不假思
索跳上前去保护；先前的责备不责备，与此并没有多大关系。而一篇理想的
完美的小说，犹如一个有机体，是不容许有没有多大关系的部分存在的。其
所以有前半节文字，还是由于作者一贯的作风，可使费鲁乔在将死的时候，
与外祖母作一番关于饶恕过错的对话，借以激动读者的感情。

"少年受勋章"一节，和前面提及的"赏品授与式"一节一样，描写一个盛
大的会场，以唤起读者的感觉和情绪。故事是简单不过的：那作为篇中主人
公的少年在河中救起了一个将要淹死的孩子，因而由市长以意大利国王的
名义，授与他勋章。他的行为的高尚，在市长的演说辞中有所说明。"勇敢
在大人已是难能可贵的美德，至于在没有名利之念的小孩、在体力怯弱、无
论做什么都非有十分热心不可的小孩，在并无何等的义务责任，就使不做什
么，只要能了解人所说的，不忘人的恩惠，已是受人爱悦的小孩，勇敢的行
为，真是神圣之至的了。"这么长的一句话，无非说那少年救人是"无所为而
为"。"无所为而为"比较起"有所为而为"来，结果纵使相同，价值可高得多
了，这一节只是一篇记叙文字，不能算是一篇类似小说的东西；因为小说常
常写人和事相遇时，心理上行为上的发展过程，其过程或简或繁都可以，但
不能绝对没有，而这一节里却绝对没有。"难船"一节就不同了。故事也很
简单：少年马利阿和少女寇列泰同乘一条海船，遇到了风浪，船沉没了；逃命

的舱板上只剩一个位置,马利阿很慷慨的把它让给了寇列泰。在开头,先叙两人相遇,彼此拿出食品来,一同吃着。次叙两人关于身世的问答:马利阿的父亲近在客中逝世,他回去预备依靠亲戚;寇列泰的离家原想承受叔母的遗产,可是没有如愿,现在是回到父母那里去。次叙风浪来了,马利阿被震倒,头都撞出了血;寇列泰照料他,把自己的头巾替他包在头上。然后叙到作为"顶点"的马利阿让寇列泰逃生的一幕。前面的那些叙写,都与末后马利阿的英勇行为有照应,因为同食同谈,彼此之间就有了情感;因为身世不同,马利阿就觉得寇列泰比起他自己来,是更不容死的;因为有过的替包头部创伤的事儿,马利阿又觉得对于这样一个好同伴,是非让她活命不可的。关于这些,只要读时稍稍留心,很容易看出来。看出了这些,便会感到马利阿抱起寇列泰,把她掷给舱板上的水手,这个行动非常的自然。为什么非常的自然? 就在于切合心理,近于人情。

　　"每月例话"的另外三节——"少年笔耕"、"爸爸的看护者"、"六千哩寻母",题旨都是对于父母的爱。其中"爸爸的看护者"一节,那主人公少年西西洛在医院中看护的实在不是他的父亲,而是个不相识的老人。他父亲离家已一年,回到国土就得病,西西洛接了信跑去看他,可巧医院中人给他指错了一个人;那病人的容貌原来全不像他父亲,但病了变了样子是可能的,那病人又病得很重,不能开口;因此他就认为真是他父亲,留在医院里看护他了。到了第五天,他自己的父亲病愈出院了,无意中彼此遇见,西西洛才知认错了人。但当父亲教他一同回去的时候,他却说不能丢弃那当作爸爸看护了他五天的孤身病人,他愿意再留在这里。于是像以前一样,又看护了两天,直到那病人死去。他在离开病房的当儿,"那五日来叫惯了的称呼,不觉脱口而出:'再会! 爸爸!'"——这篇故事带着喜剧情味(关键在于误会),而意义非常严肃。对于错认为父亲而看护他的病人,即使在弄明白之后,情感还是深挚,这并非奇迹,正是人情。若是前五天尽心竭力的看护,到发觉了错误之后,便把那病人看得如不相干的人一样,头也不回的离开了他,那才不近人情了。

"少年笔耕"是少年叙利亚因年老的父亲佣书养家,心上过不去,便每夜起来私自代替父亲缮写的故事。父亲以为自己的工作成绩增多,觉得高兴,可是看了叙利亚的疲惫神态,不能努力用功(他每夜起来写字太困乏了),又深深的烦恼,严厉的责备着他。在叙利亚,屡次想向父亲说明原由,但是给帮助父亲的念头战胜了,终于不曾出口。在父亲,见儿子总是不肯改好,愤怒愈甚,竟至说出了"我早已不管他了"的话。这样的发展是很自然的。叙利亚既已存了私自帮助父亲的意念,惟有一直帮助下去最是正办,假若说破了,父亲便将不让他深夜里起来,那就无法再帮了。并且,父亲正为了自己的工作成绩增多而高兴,若让他明白了所以然,他那高兴便将转而为懊恼了;所以想说而终于不说。再说父亲,因为经常收入不够家用,至于另做工作来补贴,他的心情一定是非常郁闷的;若是一家人能够体谅他,大家努力奋勉,那还足以自慰;而眼前偏有一个不肯用功只想打瞌睡的叙利亚;他或许还这样想,目前收入增多,若没有别的烦心的事,生活也还不算错;而叙利亚的事偏来烦他的心,使他不得舒快,所以他对于叙利亚愈来愈恨,几乎不当他做儿子。发展到了这地步,于是达到故事的"顶点";在叙利亚下了决心,想不再起来的那一夜,由于"习惯的力",他又起来缮写了。不一会,父亲闪进室中来了,看见了叙利亚的作为,便恍然于从前的一切。在互说"原恕我"的声音中,父子两个的爱如火一般燃烧起来,两个灵魂融和在一块了。——这故事组织完美,有动人的力量。

"六千哩寻母"是少年玛尔可到美洲去寻访断了消息的母亲的故事。他的母亲原在叫做爱列斯的地方,他到爱列斯,探知母亲跟了主人家到可特淮

去了。寻到可特淮，又知迁到杜克曼去了。寻到杜克曼，又知迁到赛拉地罗去了。在赛拉地罗才见到他的母亲。这样屡次转换目的地，无非要使玛尔可多跋涉些路程，借此见出他的孝心；然而在故事的结构上，未免有重复呆板之嫌。当寻到赛拉地罗的时候，他母亲正患着重病（内脏起了致命的癌肿），一因家信阻梗，二因对于自己的身体没有信心，悲伤和畏怯使她拒绝医生动手术的主张，她宁愿就此死去。但在闻知玛尔可老远跑来看她的当儿，她的希望勇气突然鼓起来了，她情愿受医生的手术了。于是她有救了。医生对玛尔可说："救活你母亲的，就是你！"这里见出儿子是母亲的生命的光，为了儿子，母亲重又热爱着生命；反过来，也就见出儿子对于母亲的爱，是本于天性，莫知其然而然的；然而在故事的结构上，未免太凑巧了。此篇写美洲的景物，都从玛尔可（一个意大利少年）的眼光着笔，又搀入玛尔可的恓惶焦灼的心情，一切景物便带着奇幻的色彩。玛尔可所到之处，常常受着同国人的帮助，这虽说是常情，却也是作者极欲着力叙写的一个项目；从这个项目，很易激起读者的爱国心的。

四

读这一本《爱的教育》，若是想"摘录佳句"的话，其中佳句可真不少。什么叫做佳句呢？就是情味丰富，禁得起咀嚼，愈咀嚼愈觉得有意思的句子。如果读的时候不加咀嚼，只是逐字逐句的读下去，那就虽遇佳句，也辨认不出来。所以咀嚼工夫是不可少的。咀嚼不是凭空的冥想，须从揣摩故事的情景出发；在如此这般的情景中，看这么一句，或传出一种深至的心情，或表出一种生动的姿态，或显出一种鲜明的印象，那无疑的是佳句了。现在略举几个例子在此，待诸位同学自己去"反三"。

先生讲盲童学校的情形给学生听(第五卷"盲孩"),说到因病盲目的比较生来就盲目的痛苦更深,他举一个盲童的话道:

> 就是一瞬间也好,让我眼睛再亮一亮,再看看我母亲的脸孔,我已记不清母亲的面貌了!

这是佳句,中间含着不知多少的哀酸。这盲童所希望的并不奢,只要一瞬间,一瞬间之后,再回入黑暗的世界,直到终身,他也情愿;但是这一瞬间事实上不会有了。事实上不会有而仍希望着,那心情的伤痛不言可知了。

"小石匠"的父亲进了夜学校(第六卷"夜学校"),总爱坐在自己儿子的坐位上(夜学校就设在小学校里)。当他第一夜进学校,就和校长商量道:

> 校长先生!让我坐在我们"兔头"的位子里罢!

这是佳句,细细咀嚼时,可以辨出多种意味。他自己是早年失学,他的儿子却在学龄得入学校,比他幸福得多,这在他自是一种安慰,但安慰之中不免带着羡妒。现在他也得上学了,而且正坐在儿子的坐位了。他的羡妒之心也就得到满足了。这是一。他入夜学校,自以为回返到幼年时代了。他要坐在儿子的位子里,就是要处在儿子的观点上感受一切,尝尝那儿子经历已惯而自己还没有经历到的趣味。这是二。他对校长称自己的儿子,不叫他的名字,不说"我的孩子",而用平时叫惯的他的诨名"兔头"。在这两个字上,透露着多少天真和喜爱孩子的心情啊!这是三。

诺琵斯性情傲慢,待同学没有和气,先生劝戒了他一番,问他还有什么要说的(第五卷"傲慢")。

他只是冷淡地回答:"不,没有什么。"

这是佳句,把傲慢者的神态和心情都表出来了。傲慢者不肯接受别人的意见,尤其不肯接受别人劝戒自己的意见;表现在外面,便是任别人说得如何详恳亲切,总是回答他一个冷淡。诺琵斯听了先生的话,心里果真没有什么话要说吗? 不,他心里的话多着呢。他自以家庭地位比别的同学好,别的同学都不在他眼里,对于他们,他认为没有亲爱和气可言的。先生教他和大家要好,那无异教他辱没自己。但这些道理先生是不会明白的,对他说也徒然。所以负气的说"没有什么"就完了。读者把这些辨认出来,一个傲慢的诺琵斯就如在目前了。

安利柯去参观幼儿院(第七卷"幼儿院"),许多幼儿正进食堂就餐。就餐之前,按照习俗,须作祈祷。

祈祷的时候,头不许对着食物的,他们心为食物所系,总常拉转头来看后面,大家合着手,眼向着屋顶,心不在焉地述毕祈祷的话,才开始就食。

这是佳句,描绘出幼儿的天真神态。拉转头颈来看后面,该是看先生是不是在注意他们吧;如果先生不注意的话,也许回转头来对着将要到嘴的食物偷看一眼吧。行祈祷的仪式,若在大人,即使心里并没有宗教的信仰,也会假装出非常虔敬的神态的。而在幼儿,没有那矜饰的习惯,要他们祈祷,他们只能"眼向着屋顶",只能"心不在焉"。试想,"眼向着屋顶"五个字,包含着多少无聊意味? 他们对祈祷既是"心不在焉",他们的心到哪里去了? 不是说他们在这个时候,除了放在面前的食物,什么都不想了吗?

安利柯记"弟弟的女先生"(第二卷),说她:

> 有时对于小孩,受不住气闹,不觉举起手来,终于用齿咬住了自己的指,把气忍住了。她发了怒以后,非常后悔,就去抱慰方才骂过的小孩。也曾把顽皮的小孩赶出教室过,赶出以后,自己却咽着泪。

安利柯记泼来可西得了赏牌(第五卷"赏牌授与"):

> 大家都向他道贺:有的去抱他,有的用手去触他的赏牌。

安利柯记春天到了的时候(第七卷"春"):

> 一吸着窗外来的新鲜空气,就闻得出泥土和木叶的气息,好像身已在乡间了。

写巴拉那河岸的景色,说(第八卷"六千哩寻母"):

> 港口泊着百艘光景的各国的船只,旗影乱落在波下。

这些都是佳句,给读者一个宛然自己感受到的印象。

诸位同学如果把以上所举的为例,自己去推求,将发现许多的佳句,每句足供良久的欣赏。